大学英语口语教学多维解读与策略探究

姚雅晴 著

图书在版编目（CIP）数据

大学英语口语教学多维解读与策略探究／姚雅晴著. -- 长春：吉林出版集团股份有限公司，2024.4
ISBN 978-7-5731-4938-1

Ⅰ.①大… Ⅱ.①姚… Ⅲ.①英语-口语-教学研究-高等学校 Ⅳ.①H319.32

中国国家版本馆 CIP 数据核字（2024）第 091284 号

DAXUE YINGYU KOUYU JIAOXUE DUOWEI JIEDU YU CELUE TANJIU
大学英语口语教学多维解读与策略探究

著：姚雅晴
责任编辑：王芳芳
封面设计：冯冯翼
开　　本：720mm×1000mm　1/16
字　　数：210 千字
印　　张：11
版　　次：2024 年 4 月第 1 版
印　　次：2024 年 4 月第 1 次印刷

出　　版：吉林出版集团股份有限公司
发　　行：吉林出版集团外语教育有限公司
地　　址：长春市福祉大路 5788 号龙腾国际大厦 B 座 7 层
电　　话：总编办：0431-81629929
印　　刷：长春新华印刷集团有限公司

ISBN 978-7-5731-4938-1　　　定　价：66.00 元
版权所有　侵权必究　　　举报电话：0431-81629929

前　言

随着经济全球化的发展，世界各国在政治、经济、文化、科技等领域的交流与合作越来越频繁。由于世界各国在风俗人情、思维方式、综合水平、表达习惯、文化背景等方面存在着很大的差异，所以不同的国家有着不同的语言表达方式。如果在跨文化活动中每个国家都采用各自的语言，势必会增加交际障碍，最终导致跨文化交际无法顺利进行。因此，世界各国在跨文化交际中需要选择一种合适的语言进行交际。英语作为世界上使用最广泛的语言，在全球化的交流与合作中发挥着至关重要的作用。我国与世界各国的经济合作、文化交流也越来越多，对高素质英语人才的需求量也越来越大。相应地，对大学英语教学的要求越来越高。大学英语教学的最终目标是培养学生的综合应用能力，特别是英语听说能力。只有具备较高的听说能力，才能在今后的学习、生活、工作中进行有效的英语交际。可见，交际能力在英语人才培养中扮演着重要的角色。

英语人才交际能力的培养途径有很多，其中最直接、最有效的途径是大学英语口语教学。大学英语口语教学是以口语为重点，以建构主义理论、合作学习理论、二语习得理论、自主学习理论等理论为指导的教师教与学生学的教育活动，其内涵丰富，形式多样，对学生的交际能力有着很大的影响。在传统的大学英语教学模式中，很多教师重视单词、语法、阅读、写作等理论知识的讲授，忽视了学生的口语训练和表达。显然，这种传统的教学策略已经无法适应当今时代的发展，也无法满足跨文化交际对英语人才的要求。因此，大学英语口语教学模式改革和策略创新势在必行。这就要求大学英语教师要紧跟时代的前沿，重视学生的口语学习，转变传统的教学理念，更新教学内容，改变单一的教学模式，采用多样化的教学策略，运用信息化教学手段，组织多元化的教学活动，为学生学习和练习英语口语营造良好的氛围，不断调动学生学习英语口语的积极性和主动性，不断提高学生的英语口语表达能力，为跨文化交际输送更多优秀的英语人才。鉴于大学英语口语教学的重要性，笔者在总结前人研究成果及自身多年教学经验的基础上，系统梳理了大学英语口语教学与策略的相关知识，并编纂了此书，以期能够为大学英语口语教学与策略研究提供有益借鉴。

本书主要对大学英语口语教学及其策略进行了系统论述。概述了大学英语口语教学的基础知识，具体包括英语口语与书面语的区别以及大学英语口语教学的内涵、影响因素、原则、存在的问题与对策；阐述了大学英语口语教学的理论基础，即建构主义理论、二语习得理论、合作学习理论、关联理论、自主学习理论；从互动式教学、语境教学、情感教学、跨文化交际、微平台建设、信息化手段、OBE 理念、多模态教学、产出导向法等多个维度论述了大学英语口语教学的策略，为大学英语口语教学策略研究拓宽了思路。

总之，本书立足大学英语口语教学研究，提出了诸多教学策略，为大学英语口语教学策略研究提供了多种维度。在写作过程中，笔者查阅了很多国内外资料和文献，吸收了很多与之相关的最新研究成果，借鉴了大量学者的观点，在此表示诚挚的感谢！由于时间仓促，再加上笔者能力有限，书中难免存在不足之处，请广大读者批评指正。

目 录

第一章　大学英语口语教学概述 ………………………………………… 1
　　第一节　英语口语和书面语的区别 …………………………………… 1
　　第二节　大学英语口语教学的内涵与特征 …………………………… 3
　　第三节　大学英语口语教学的影响因素与原则 ……………………… 6
　　第四节　大学英语口语教学存在的问题与对策 ……………………… 12
第二章　大学英语口语教学的理论基础 ………………………………… 17
　　第一节　建构主义理论 ………………………………………………… 17
　　第二节　二语习得理论 ………………………………………………… 21
　　第三节　合作学习理论 ………………………………………………… 25
　　第四节　关联理论 ……………………………………………………… 28
　　第五节　自主学习理论 ………………………………………………… 32
第三章　大学英语口语教学与互动式教学 ……………………………… 36
　　第一节　互动式教学概述 ……………………………………………… 36
　　第二节　大学英语口语互动式教学的意义 …………………………… 43
　　第三节　互动式教学助力大学英语口语教学 ………………………… 45
第四章　大学英语口语教学与语境、情感教学 ………………………… 56
　　第一节　大学英语口语教学与语境构建 ……………………………… 56
　　第二节　情感教学在大学英语口语教学中的应用 …………………… 63
第五章　大学英语口语教学与跨文化交际 ……………………………… 73
　　第一节　跨文化交际解读 ……………………………………………… 73
　　第二节　跨文化交际中的语用失误 …………………………………… 78
　　第三节　跨文化交际背景下大学英语口语教学的策略 ……………… 87
　　第四节　大学英语口语教学与跨文化交际能力的培养 ……………… 91

第六章　大学英语口语教学与微平台建设 … 96
第一节　微信 … 96
第二节　微博 … 101
第三节　微课 … 106
第四节　微视频 … 112

第七章　大学英语口语教学与信息化手段 … 119
第一节　慕课 … 119
第二节　翻转课堂 … 124
第三节　智慧课堂 … 131
第四节　混合式教学 … 138

第八章　其他大学英语口语教学策略 … 144
第一节　OBE 理念的融入 … 144
第二节　多模态教学的运用 … 149
第三节　PBL 教学的引领 … 155
第四节　产出导向法的辅助 … 158

参考文献 … 166

第一章　大学英语口语教学概述

随着经济全球化的发展，中外合作日益加强，学生就业竞争日渐激烈。英语作为一门国际化乃至全球化交流用语，在交际交往中扮演着愈来愈重要的角色。英语作为大学生的必修科目，口语水平是学生综合素质的重要组成部分。了解大学英语口语教学的基础知识，对大学英语口语教学策略研究具有重要的意义。本章主要对大学英语口语教学的基础知识进行了论述。

第一节　英语口语和书面语的区别

一、组成内容的差异

口语主要以声音为媒介，声音一发即逝，因此在传播上受时间和空间的限制。而书面语则由字母和字符这些书面符号组成，打破了口语在时间上和空间上的限制，可以"传于异地，留于异时"。因此，口语是动态的、短暂性的，而书面语则是静态的、永久性的。这是二者最明显的区别。

二、表达形式的差异

英语口语与书面语在表达形式上的差异主要体现在两方面：它们具有各自的词汇特征以及句子结构特征。

首先，英语口语与书面语的用词不同。①从词汇角度来看，口语中常使用具有明显口语色彩的词语，如流行语（fashionable word）、歇后语（two-part allegorical saying）、口语词（colloquialism）、习语（idiom）等，此外，短语动词（phrasal verbs）也常常出现在口头语体中，使得交际语言更加生动活泼、通俗易懂。而在较正式的书面语体中则不用或较少使用这类词汇。②英语口语中存在着大量的语气词，如 oh，hi，hello，yeah 等，书面语中则较少使用语气词。③英语口语中常常使用填补词（remedy word）和一些词义相对模糊的词语。人们在进行交谈时常出现犹豫、思索、停顿等情况或一时找不到恰当的词语表达某一概念。为了使交际不致中断，往往需要借助填补词及模糊词语，使得交谈得以延续，如使用 wait a moment，you know，well，let me see，I think，let me say，everybody knows，kind of，something like that 等。据调查，美国人一分钟用 um 可达 10~15 次，一小时可达数百次之多。这些词语的使用，可以增添口语的随意性色彩，并帮助对话得以顺利进行。但是若用于书面语体中，则会使读者摸不着头脑，文章也显得极不得体。④英语口语中还存在许多书面语中不多见的词汇变体形式。如：cause（because），Aussie（Australian），veggies（vegetables），pop（popular）等。这些变体在书面语中一般是避免使用的。口语中较多地使用缩略词，而书面语中较少使用。此外，英语口语的常用词汇较少。口语中词的变化比书面语少，重复比书面语多。而且，书面语体经常使用我们常说的"大词"（big word）。在文学作品中，为了生动地刻画人物、描绘景色、渲染场面，作者使用大词以求高雅、庄严的色彩。在叙述政治、经济、文化及各种科学技术方面的事物时，多使用专业术语及行话，它们在用词上意义精确、单一，不带有感情色彩，一般也不需借助上下文来理解。

其次，英语口语和书面语在句子结构方面也不相同。①英语口语常用简单句，且经常出现结构不完整的句子，而书面语除了使用简单句外还经常使用并列句和复合句，句子逻辑关系严密、结构严谨。一般来说，在复合句中，从句为主句服务，它可以使主句所表达的思想突出有力。主句和从句的先后次序的不同可以产生不同的文体效果，使谈话人显得轻松、自如、富有口头主体色彩。并列句结构均衡，能体现评议的均衡美，并且使语言显得平实大方，使语意前后贯通。②英语书面语常用非人称做句子主语，而口语则通常用人称代词做主语。口语突出行为过程与事件的发起者，主句与从句为动态关联关系，而书面语的句型则往往要根据语篇构成的需要来确定，行为过程与事件发出者不一定是重点突出的对象。③英语书面语通常后置主要信息，而口语中则先谈主要信息，而后再详细叙述。④口语是自然即兴的，人们通常边想边说，口语的句子结构通常较松散。有时人们甚至边谈边不断变换话题，他们会省略掉一些东西，出错或自己更正补充。因此，口语里常出现停顿、省略、重复等现象。相对而言，书面语是有计划写成的，句子结构更加缜密，更具逻辑性。

三、语境的差异

口语需要语境，而书面语对语境的依赖性较小。口语更加含蓄，且在很大程度上取决于非语言环境。而书面语更加直接、独立，不需要言外语境以及作者与读者间的适时互动。

口语与书面语的另一个语境差异是：口语可以通过手势、面部表情、眼神暗示等非字符信号的辅助手段来传递意义，或通过各种音质特征，如重读、语调、音量、语速、停顿等手段来表达意思；而书面语则主要通过句法和修辞手段，例如运用明喻、暗喻、拟人、婉转等来烘托文章主体和反映人物内心活动。

此外，口语和书面语虽然都是交流方式，但分别侧重语言的不同方面。口头语言所强调的是情感表达和交际功能，它是双向活动，需要适时互动。而书面语言所强调的是认知、描述和论辩功能。它是一个单方面独立的交流过程，不需要像口语那样及时反馈和回应。

总之，英语口语与书面语的差异还远不只前文所列举的几点。正确理解口语与书面语的区别，才能达到最佳的交际效果。

尽管口语与书面语之间存在着种种差异，这两种语篇形式却有共同的目的，即描述世界上的万事万物；使用同样的基本语言系统，即两者都使用同样的词汇系统、语法系统来表达意义。两者在结构上的差别仅在于：某种结构更多或更少地存在于口语或书面语中，没有一种结构只出现于口语或书面语，两者是连续统一关系。

第二节 大学英语口语教学的内涵与特征

一、大学英语口语教学的内涵

（一）口语的基本含义

口语，又称口头语。口语就是口头交际中使用的主要诉诸听觉并借助各种辅助手段表情达意的口头语言。与书面语相对应，口语是人们口头交际时所使用的语言，产生于文字出现之前。口语属于人类的有声语言，可以音频、视频、文字等形式加以记载、留存。

从语言产生历程来看，应是先有口语的出现，在文字诞生以后才出现了依托文字的书面语言，而书面语言是在口语的基础上产生并不断演变的。

(二) 大学英语口语教学

口语能力（也称为口语表达能力）包括口语技能和口语能力两个因素。前者表现为口语的实际表达状态，后者则体现为对前者的潜在制约，它的强弱是前者好坏的根本原因，因为它影响了掌握技能的难易并对技能功能进行调节。

文秋芳从语言能力、语用能力和策略能力这三个方面来描述一个人的口语能力，即一个人的口语交际能力包括语音、语调、语法规范、用词恰当；掌握说话规则，了解语言的文化特征，在特定的情景或社交场合下能够恰当得体地使用习惯表达法和正确的语体；熟悉交际的策略，会使用会话技巧及利用非语言手段克服因语言能力不足引起的交际困难。[1] 口语交际有即时性的特点，在特定场景下说话者无计划，无准备，往往依靠交际时即兴思维进行口头表达，有不可预测的特点，往往会出现尴尬局面和思维短路的现象。所以口语教学不仅为学习者提供可理解性输入材料和可理解性输出的机会，同时还要提供一系列的交际策略，前者属于设计语言学的内容和应用语言学的教学方法，后者属于应用语言学的研究范畴。英语口语教学研究包括语言学和应用语言学两个范畴，既包括语言材料的输入和输出过程，也包括学习策略的培训过程。

大学英语口语教学是为了帮助非英语专业的学生掌握口头交际的能力，这个过程同样由许多具体的信息传递和接收步骤构成。分解开来看，教学的步骤可以是输入—操作—输出。信息的传递和接收是循环进行的，教师的输出对学生来说是输入，同样，学生的输出对教师和其他同学又成为输入，整个教学就是这种信息的传递和接收的反复循环。此外，英语口语教学必须为学生提供丰富的交际场景，鼓励教师与学生直接的交际、学生和学生之间的交际。英语口语教学要为学生提供交际策略，在实际的交际过程中，语言实体只是交际场的一部分，交际策略把语言连接并送达到交际对象，从而达到交际的目的。

英语口语教学作为第二语言学习的范畴，在教学过程中，教师应充分考虑到中西思维差异、跨文化交际、母语负迁移及石化现象的影响。中西思维方式受地理、文化、历史及生活环境的影响存在很多不同之处，思维和语言互相影响，互相制约。语言的实际运用很大程度上是思维的具体体现，思维差异会造

---

[1] 文秋芳. 口语教学与思维能力培养 [J]. 国外外语教学, 1999 (2).

成语言理解的分歧，会造成语言规则的混淆。文化语境也会对语言交流产生负面影响，不同的文化背景对事物有不同的认识，表达的观点和方式也会产生差异。在国内教学环境中，母语负迁移会对英语语音、词汇意义、语法结构造成学习障碍。教师不正确的语言和不正确的教学方法，都有可能导致石化现象，从而影响英语口语教学。

总之，英语口语教学在实践中应以语言教学为核心部分，兼顾策略培训、思维训练、文化习得等多维度的教学内容。

二、大学英语口语教学的特征

（一）口语教学的领先性

在英语的听说读写译五项技能中，听说居于领先地位。听和说是分不开的，老师说学生听，老师输出，学生输入。这是一个很自然的过程。从语言的发展史来看，也是先有口语再有书面语。有许多语言甚至只有口语而没有书面语。再从儿童习得语言的过程来看，也是先学口语，然后再学书面语。在英语教学中，听与说是同步进行的，教师说，学生听。这是学习语言的必要输入阶段。待学习者有了足够的输入之后，才能步入下一个环节—说，即输出阶段。如果一名英语教师能说一口流利的英语，那么，对顺利地进行教学是十分有利的。

（二）口语领先的高效性

说比写的功效要多出好几倍。几分钟的口语内容，如果要板书出来，需要多花好几倍的时间。因此，能用口语解决的问题，尽量用口语，以增加一堂课的信息量，提高时间利用率。教师用口语进行全程教学，能给学生提供一个良好的听说语言环境。学生长期浸泡在这样的语言环境中，在耳濡目染，潜移默化的作用下，听力会在短时间内明显提高。由于有了大量的输入，学生开口也就不那么困难了。

（三）口语教学形式的多样性

1. 教师提问

一般分为正误判断和回答问题两种。教师也可以就某个话题即兴提问。它的优点是简单、灵活、实用，可随时随地进行，是师生之间一种常用的互动方式，是教师了解学生对教材理解程度的一种重要而有效的途径。

2. 复述

复述课文能够培养和提高学生综合运用英语口语表达的能力。复述就是用不同的方式和不同的语言重述事物，但并不是原文的照搬。

3. 自由对话

在教师主持下，学生两人一组就某个场景或话题进行自由对话，让学生自由发挥，充分调动学生的学习积极性。

4. 讨论影视

教师可就某部电影、热点话题、场景、把全班分成若干个小组进行自由讨论。

5. 辩论

教师可将全班分为正方和反方。双方各派几名学生上台进行辩论。

6. 模拟口译

教师可将学生分为三人一组，一人做翻译，一人做外宾，一人做中方代表，模拟口译场景。

7. 模拟景点导游

教师事先让学生准备一些景点介绍的资料。然后，把全班分成几个小组，每个小组选一名学生做导游，其他的学生当游客，来模拟导游场景。这样也能提高学生说英语的兴趣，给他们提供一个能连续说英语的机会。

第三节　大学英语口语教学的影响因素与原则

一、大学英语口语教学的影响因素

（一）文化教学

文化一词对我们来说并不陌生，它与语言有着不可分割的关系。大学英语口语教学又是在非目标语的文化环境中学习使用口语，因此介绍目标语文化对增强英语口语语用效果至关重要。

由于中国学生缺乏与以英语为母语的外国人的接触，他们刚到英国的时候在交流和写作方面还存在许多问题。如果脱离对文化价值的认识，语言的意义就会变得模糊。

文化是一个比较大的概念，是对语言的学习在大方向上给予帮助；而背景是指在某种文化之中某一地点某一时刻的情况，是指具体的语境，对语言的理解提供细节性的帮助。

即使在一种不同的文化中极力地传授（英文）词汇的使用，绝对地把词汇与其原始含义分开是极其困难的（比如在一些国家教授英文原文时）。因此，在大学英语口语教学中，在教授文化知识同时，也要注重细节性知识的传授，在教授词汇的使用时，需要关注词汇的使用条件。

（二）语言的输入与输出

文化背景知识使目标语言（大学英语）正确输入成为可能。置身于相关语言环境当中，语言学习者可能会有足够的机会与讲母语者进行交流。因此他们可以得到充足的"理解输入"（comprehensive input），这在二语习得中是至关重要的。如果"理解输入"重要性在于它是语言正确运用的基础，那么语言的输出就是语言运用表现。只有通过"理解输入"，语言学习者才能掌握语言知识，从而达到运用自如。置身于相关语言环境当中，学习者可以有机会经历随机性的谈话，掌握更多的"应用语言技巧"（acquired knowledge）。由于大学英语为外语教学，在大学口语学习中，教师要尽可能地为学生营造语言环境，提高语言输入的准确性。

从语言的输入与输出理论看来，掌握相关文化背景，对大学英语口语学习非常重要。学习者只有对目标语有了一定程度的接受和吸收，才能内化其语言知识，以促成口语的产出。大学英语口语教学，必须以口语知识的输入为基础，不能一味地让学生自由发挥。因此，大学英语口语教学，一定要先打好语言基础，逐步提高口语水平，要有条件地鼓励学生自由发挥，从而达到英语口语正确输出。

（三）母语的影响

影响英语口语输出的不仅仅是目标语文化背景知识，母语也会对大学英语学习产生影响。母语也不仅在语音语调等方面干扰目标语（大学英语）的学习。对于处于另一种不同语境的学习者来说，也可能会产生应用上的问题。

语言迁移及语言的不同层面，既有语音、词汇的迁移，也有句法的迁移。当中国学生学习英语时，可能依靠汉语来帮助学习英语。在迁移过程中，他们总是试图寻找英汉两种语言的相同和不同。他们如果没有在汉语中发现相同的表达，他们可能回避或保持沉默。因此，在这种情况下，要关注语言输入的质量与数量，减少母语的影响。

母语迁移是口语中失误的重要原因，如动词时态误用、冠词用法错误、可数名词与不可数名词的混淆、介词的缺失与冗余、疑问句语序错误以及虚拟语气错误等。由此可知，大学英语口语教学，要注意克服汉语的影响，培养英语思维，增强英语语感，才能达到跨文化交际的目的。例如，在汉语中，见面问候时会问"你去哪？"但在英语语言中，这更像警察的询问。在日常口语会话中，由于中英两种语言有很大的不同，在大学英语口语会话时要注意问候、告别、介绍、称赞等诸多方面的英语语言特点。在教学中，可以使用中英对比的方法来介绍英汉语言的区别，培养学生有意识地养成英语口语表达习惯。

（四）交往能力的培养

在大学英语口语教学中，教师应该将社会文化教学与口语教学紧密结合，提高学生的交往能力，这样可以减少语用失误的发生。交往能力包括三个部分：语言能力、语用能力和行为能力。在课堂上，除了培养学生的语言能力之外，可以通过讨论、拜访、感谢等日常使用对话，结合口语语篇了解语用知识，培养学生语用能力和行为能力，从而提高学生的交往能力。

此外，在对话中使用一些习语，会使对话听起来更加亲切。例如在大学英语口语教学中鼓励学生使用 for a rainy day（为雨天做准备），as right as rain 或 come rain or shine 等习语时，会拉近交流者之间的距离。这是因为这些习语与英国的地理密切相关。如果学生能够了解英国的地理位置和它的温带海洋性气候这一文化要素，就很容易理解这些习语，就可以有目的地运用，提高交往能力，达到良好的交流效果。同样如果学生了解英国人和宠物的关系，在英语口语表达时，使用与宠物相关的习语，也会减少文化陌生感，提高交往能力，增强交流效果。

（五）课堂环境

大学英语口语教学是外语教学，是在目的语作为外语来学习的母语环境中进行的。大学英语口语教学通常也是在教室里进行的，学生的人数相对较多，学生容易紧张，害怕出错。另一方面，如果学生的口语基础薄弱，学生人数较多，学生的练习机会相对减少，中式英语出现可能会相对较多。这使口语教学的课堂环境变得更为复杂。这就要求英语教师根据不同的情况，采取灵活的教学方法，进行多样化的口语教学。总结口语学习中出现的问题，有针对性地进行全班或个体指导。

在母语语言环境中进行英语口语学习，影响学生口语产出的情感因素也不容忽视。在这类口语学习中，影响学习者产出的因素主要有学生产出时情感焦虑状态、缺乏及时错误反馈等。因此，教师也要注意创造良好的学习氛围，学生们的恐惧心理，引导学生快乐地来进行英语口语练习。此外，教师还应该调动学生自主学习口语的积极性，不断提高学生英语口语水平。

二、大学英语口语教学的原则

(一) 先听后说原则

听是说的基础,在交际活动中听与说是相辅相成的两个方面。学生通过听获得知识信息,接触到大量的英语词汇,进而激发表达思想的强烈愿望。当积累了大量的语言储备时,才会有真正意义上的口语会话,这也是大量听的必然结果。可见,在听懂的基础上进行模仿,既能够加快反应,又能够提高说的能力。教师要遵循这一原则,可以在组织学生复述故事之前让他们对情节有一定的了解,然后再抓住故事的大意,记细节,让学生相互提问,交换意见,最后达到复述故事的目标。

(二) 内外兼顾原则

内外兼顾原则,顾名思义就是考虑问题时要顾及内外两个方面,不能仅顾及一个方面或者顾此失彼。在这一原则的指导下,教师在口语教学的过程中不仅要重视课堂教学,还需要引导学生合理利用课外活动来练习口语。事实上,学生的口语学习应该以课堂教学为主,并且将课外活动中的口语学习作为课堂学习的一种补充,二者相互促进、相互配合。在课堂教学练习的基础上,学生开展相应的课外活动,可以将课堂上所学习的知识在课外活动中进行充分实践,从而达到复习、巩固知识的目的。此外,学生在课外活动中可以运用课堂上所学习的理论知识,将知识转化为技能。与课堂活动相比较而言,课外活动的氛围比较轻松,学生的心情也会十分愉悦,在这种放松的心情下练习口语将会取得令人意想不到的效果。同时,在课外练习时学生可以获得教师的适当指导,进而在不同的场合、环境下顺利展开交际。

在课程结束之后,教师为学生安排作业与练习之前,可以将学生分组,让学生以小组为单位来完成作业,通过相互讨论小组任务,学生提升了自身的口语能力,同时发展了沟通、理解以及团队能力。

(三) 科学纠错原则

语言学习的过程中出现错误是不可避免的,在口语学习中更是如此。教师的任务是为学生提供连续、完整的交流空间,热情鼓励学生树立信心,大胆去实践,不怕犯错误,达到口语练习的最大实践量。口语教师的职责在于培养学生对语言的敏感性以及对自己、他人说话中的语言错误的识别能力。在口语练习中,学生不可避免地会出现各种各样的错误,有的教师会匆忙打断学生的思维和交流去给他们纠错，这种方法实不足取，不仅会打断学生的思路，还会打击学生的信心，增强其恐惧心理，导致因害怕出错而丧失说话的勇气。一般是在学生谈话之后，教师给予及时的纠正，然而即便是这样，也要讲究策略，教师要对不同的学生犯的不同的错误进行区别对待，根据不同场合及不同性质的错误分别进行处理。在操练语言的场合，可多纠错，但在运用语言交际时，则要少纠错；对学得较好，自信心较强的学生当众纠错会给其心理上的满足和激励，然而对于学习困难较大，自信心较弱的学生，要尽量避免当众纠错，防止加重其自卑感。

纠错是一个很敏感的话题，处理是否得当直接影响教学效果和学生学习的积极性，我们既不提倡对错误一定不要放过，有错必纠，也不提倡采取宽容的态度，认为错误是完全自然的现象，从而对其放任自流，不予纠正，结果导致语言的僵化。因此，在口语教学中，纠正的最佳方法是先表扬，后纠正，注意保护学生的自信心并给他们自我纠正的机会。

（四）互动性原则

语言使用能力是在交际互动中发展起来的。教师在英语口语教学中，不能将口语训练视为机械的训练，而应该认识到口语训练是一种互动的操作训练。互动性原则强调的是动，也就是围绕某一话题进行有意识的、动态性的练习。学生只有在互动的口语训练中，才能有效提高自己的口语表达能力。

口语互动的内容主要包括引出话题、话轮转换、请求澄清、请求重复、获得注意、获得帮助、结束谈话等会话技巧和策略。掌握这些口语策略与会话技巧有助于交际活动的顺利进行，达到预期的交际目的。如果教师在口语教学中总是单纯地采用提问的形式，大部分学生都很少有机会开口表达，这样互动交流的效果往往并不如人所愿。为了使所有同学在课堂上都能够参与进来，教师应该多开展学生与学生之间的互动训练活动，比如对话练习、小组讨论、角色扮演等。这类活动互动性较高，可以为学生提供更多独立交际的机会和时间，而且面对彼此熟悉的同学，学生更容易放松，有助于他们克服交际的焦虑感，从而提高学生的学习动机、选择能力、培养学生的独立性、创造性。

（五）情景化原则

语言的运用总是在一定的情景和场合下进行的，口语教学的目标之一就是使学生能够在不同的情境下说出得体的语言。在英语口语教学中，教师要重视情景的运用。情景可以帮助学生理解交际的场景，也可以帮助指导学生正确使用语言。设置一定的情景进行口语练习，不仅可以检查学生能否恰当使用所学语言，还可以让学生学习在新的场景下创造性地运用语言，同时可以帮助学生在现实生活中碰到类似交际场景时能够应付自如。[①]

教师在设定情景时，最好设置学生感兴趣的话题或是贴近学生生活经历的情景，因为这些与学生息息相关的情景能使学生产生强烈的参与意识，增强学生参与口语交流的兴趣。例如，可以设定在家中吃饭的情景，学生议论饭菜是否好吃，讨论某一道菜的做法，或者谈论饭后的活动安排。然而，要设计学生感兴趣的、与学生的生活息息相关的情景并非易事。为此，教师要充分考虑学生交际的愿望和目的，设计有趣的主题或话题，把学生感兴趣的话题融入口语教学内容中。

（六）多样化原则

在传统的英语口语教学中，教师习惯使用单一的教学手段，这不仅不利于提高学生的口语表达能力，还会对学生的口语训练造成一定的阻碍。所以，在大学英语口语教学过程中，教师要遵循多样化原则，采用多样的教学手段和方法。教师可以充分利用录音机、多媒体等教学设备，将口语知识以图片、动画、影像等形式展现在学生面前，此外要充分创设各种情境，给学生提供锻炼口语的机会。

（七）循序渐进原则

英语口语的学习是一个渐进的过程，口语能力的提升同样如此，因而教师在口语教学的过程中应该遵循循序渐进的原则，由易到难，由理论到实践，层层深入，逐步进行。对于我国的大学生而言，其来自国内不同的地区，不仅英语水平参差不齐，而且发音会或多或少受自身方言的影响。因此，教师在口语教学的过程中首先应该解决学生语音层面上的问题与困难，纠正他们的错误发音，让学生根据从简单到复杂的原则，从语音、语调、句子、语段等逐步进行锻炼。另外，教师在安排与设计教学步骤时要遵循科学原则，充分把握难易程度。教学目标如果太高，学生在学习过程中的心理压力就会比较大；如果太低，那么学生的学习积极性也会受到很大影响，因而教学目标的设计与安排要适度。

（八）课内外结合原则

课堂教学是学生学习口语的主要途径，但是课堂时间毕竟有限，因此教师

[①] 张颖. 多元视角下大学英语教学探索 [M]. 北京：现代出版社，2021：76.

应当充分利用课下时间，将课堂教学与课外教学有机结合。以课堂教学为基础，同时辅以相应的课外活动，既能让学生对课堂知识进行及时的复习与巩固，又能使他们充分利用课外活动的机会来对知识予以运用，加快从知识到技能的转化过程。此外，课外活动有课堂教学没有的优点，如气氛轻松，学生压力小，教师也能更加及时地对学生进行指导。

第四节 大学英语口语教学存在的问题与对策

一、大学英语口语教学存在的问题

（一）学校方面

第一，学校英语考试的制约。在大学英语学习阶段，对非英语专业学生的英语水平要求只限于英语四级水平测试与英语六级水平测试。而这两类考试对学生只做了"听"与"写"要求，并没有涉及"说"的要求。并且，高校自己的英语阶段性考试也只要求"听"与"写"。总体看来，大学英语考试只重视英语读写能力与听力能力，不重视英语口语能力。

第二，选用教材的制约。大学英语选用的教材一般是"新视野大学英语教程"，此套教材在编写时，虽然贴近学生日常生活，但是词组、句子结构偏难，使学生在学习英语时，将重心放在词句理解上。这种教材不利于调动学生学习英语口语的积极性，不适合英语口语练习。因此，在选用教材时，要结合学生具体情况。

第三，大学英语课程的班级设置与课程安排上存在问题。大学英语学习一般采用大班制。课时安排，是一周一节英语课，这样课时比较少，人数比较多，教师教授任务重，学生练习机会少，使学生英语口语进步较慢。

（二）教师方面

教师在教学活动中起着主导作用，恰当地安排学生课堂学习活动，可以有效增强学生学习效果。因此，教师的教学理念与教学设计，会直接影响学生学习效果。分析现阶段教师英语口语教学的状况，对英语口语教学目标的实现具有重要的意义。

第一，教课重点在理论上。在英语课堂教学中，教师将课堂讲述重点放在句子语法分析与词组分析上，偏重于英语语言知识的积累与传授，而对于具体的语言运用环境涉及较少，对学生的英语口语练习的关注度也低，这些都导致学生英语口语交际能力偏弱。

第二，教师口语课堂缺乏对学生有效的指导。学生的口语课时比较少，教师为了完成教学任务，在口语课上以讲授为主，缺乏对学生英语口语的规范化纠正。有的教师在纠正学生口语时，没有遵循循序渐进的原则，采取一堂课"全盘灌输"的方式。这样既不会提高学生英语口语水平，又会挫伤学生学习英语口语的积极性。教师应该系统地纠正学生英语口语发音。

第三，教学方法滞后。我国的英语口语教学是作为英语整体教学的一部分而出现的，并未被独立出来，因此英语整体教学中存在的问题也直接体现在口语教学上，其中教学方法滞后就是一个重要的问题口语教学中，教师也习惯性地采用传统的"讲解—练习—运用"的教学模式。这看似体现了教学的规律，实际上却制约了学生说的积极性。在此教学模式下，学生只能被动地接受教师所讲授的词汇和语法知识，在没有语境的情况下做大量机械地替换、造句等练习，这样根本无法有效地锻炼口语表达能力。

第四，忽视思维习惯的培养。即使在大学英语课堂中，有些教师给予口语教学一定的重视，但口语练习多半放在语言使用的正确性和语言表达的流畅性上。他们主要针对学生所犯的低级语法错误、单个语音错误现象给予纠正。而实际上，由于长期受到过分强调语言形式的教学倾向的影响，学生也会形成一种观念，口语学得好就是发音正确、句子没有语法错误、表达流畅。这种衡量标准就会使学生懒于思维，经常是全部接受地顺从教师的思维模式。因此，他们很难运用批判性的认知分析和讨论他们的观点。

第五，教师指导方法欠佳。在英语口语教学中，很多教师在对学生的口语表达进行指导时缺乏科学合理的方法。具体表现在以下几个方面：（1）很多教师在口语教学中使用逐字逐句纠错的方式，这容易使学生产生依赖心理，降低学生学习的积极性。（2）很多教师没有对口语话题提供足够的语言支持，如给学生提供一些必要的词汇、重要句型等。（3）很多教师没有对口语话题进行适当或必要的解释，没有从观念、情感、文化、价值观等方面对话题进行拓展，学生对话题理解不透彻，自然很难进行有意义的互动。（4）很多教师没能从学生的角度出发去指导口语使用策略，例如，如何根据说话者的意图、语言功能、语境等对口语内容与方式进行组织。

（三）学生方面

第一，学生基础不扎实。学生在英语基础知识方面的缺乏会给学生英语口语学习带来很大麻烦。学生词汇知识、语法知识，以及语音知识的欠缺，使学生在英语口语交流时缺乏自信，不主动交流。而且，现在高校对英语口语要求也不高，相关的测试也是比较少的，学生把精力都放到四六级英语考试上，埋身于题海战术中。

第二，缺乏必要的语言交际环境。英语口语能力的提高离不开"多说"，学生平常接触的讲英语人群也不多，缺乏英语口语练习的氛围。但是，学生自己可以组织一些英语角，每周定时练习英语口语。

第三，学生缺乏学习英语的积极性。在中国的应试教育背景下，英语学科的考核多在于输入性的考查，即对阅读和写作的考查，大学英语也不例外。因此，学生对英语口语的学习有所忽视，认为只要考试得高分就算把英语学好了，对口语课也抱着应付的态度，这直接影响课堂效率的提高。另外，部分学生缺乏学习的积极性，对口语学习兴趣不大。

二、大学英语口语教学的对策

（一）教师方面

教师要改变传统观念，在课堂教学中以学生为主体。教师要紧跟教育改革的步伐，改变教学方式，实现教学的目标。

第一，在口语教学课堂上，教师可以与学生共同制定学习目标与练习计划，这样切合学生实际，也会提高学生学习英语口语的兴趣。教师可以运用多媒体、收音机等播放地道的英语，让学生跟读，多次练习。教师运用各种电话音响设备进行听说一体教学，这样可以提高学生学习的热情，也可以采用角色扮演方式练习英语口语，加深学生对英语口语发生场景化认识。

第二，教师要将"视""听""说"融为一体，改变以往"听"与"说"分离状况。英语的"听"与"说"是构成英语口语交际的必要条件，所以要想提高学生英语口语能力，就必须将二者紧密结合起来。具体而言，教师可以在学生听完材料后，设置一些问题，让学生自由讨论，锻炼学生英语口语能力。

第三，教师可以组织开展各种口语训练活动。教师作为英语教学工作者，应该引导学生积极参与到英语课堂中，鼓励学习主动练习英语口语。教师可以组织一系列英语活动，切实提高学生学习英语口语的热情。例如，教师可以组织学生看一些英语电影，切实让学生体会英语口语的语言环境。教师还可以组织一些英语口语竞赛或者英语辩论赛，全方位激活学生英语思维，大大提高学生英语口语交际能力。

第四，教师的语言。作为一名英语教师，如何说英语，说什么样的英语，他的语言风格会直接影响学生说英语。教师说一口清晰漂亮的英语，无形中使学生体验到了英语的"美"，从而产生模仿的欲望，进而开口说英语。

第五，注意改错的形式。学生说英语，出错是难免的。教学艺术不在于传授本领，而在于激励、唤醒、鼓舞。

第六，改革和创新英语教学观念。要想提高大学英语口语教学的有效性，教师需要积极创新教学理念，及时调整教学模式和教学方法，制定与学生实际发展需求相符的教学大纲，并积极组织多种形式的活动来引导学生练习口语，加大口语训练的力度。教师可以通过引导合作交流和创设情境等环境，结合学生生活经验，科学组织教材内容，让学生亲身经历与感受语言过程，激发学生口语练习的兴趣，进而巩固所学的句型、词汇和语法等，促进学生口语表达能力的提高。①

第七，用快乐教学法引起学生学习英语的兴趣。快乐教学法指的是面向全体学生，实现人的全面发展的教学。想要提高课堂效率，实现人的全面发展，必须首先提高学生与教师对英语口语的重视程度，把被动地接受学习变成自己乐意地、主动地学习。教师应对学生进行有效的引导，让学生明白，语言的学习更多地体现在口语表达上，只有拥有较好的口语表达能力，才能跟上多元化时代的步伐，才能有效地提高我国的综合国力，实现与世界的交流。如教师在上课时，可结合课文内容，对学生进行情感教育，也可以向学生讲授口语在生活中的重要性等，调动学生学习的积极性。教师也必须认识到英语口语能力是学生必备的基本素养，把学生培养成只会做题的机器并不是教育的目的，也违背了教师"教书育人"的天职。教师必须意识到提高学生的口语能力不仅是为了学生的个人发展，也是为国家培养英语人才。

第八，用情景教学法提高学生的口语水平。情景教学法培养的是学生在实际情境中使用语言的技能。课堂是提高学生口语能力的主要场所，想要充分利用课堂，就要创设良好的学习情境，发挥学生的主体作用，把课堂交给学生。教师可以不再自己设定口语语境，鼓励学生分小组自主探究，寻找生活语境，使得课堂与生活联系得更加紧密。如教师可以在课堂上围绕学生自己喜欢的主题，如 shopping，让学生进行 role-play 活动，在创设的语境中进行练习，既可以感受到语言的实用功能，又可以提高学生学习口语的积极性。

---

① 赵江涌，王栋，李焱伟. 浅谈我国大学英语口语教学存在的问题与对策［J］. 环球市场，2018（26）.

（二）学生方面

英语口语能力的提高是需要学生刻苦练习的，所以学生除了在课上练习英语口语之外，在课下也要积极练习。

第一，端正学习态度。学生的学习态度，在很大程度上影响学生学习的进步程度，所以学生要端正自己的学习态度，树立吃苦耐劳、勤学苦练的学习观。英语知识的积累是一个长期的过程，需要点滴积累与多次反复练习，所以学生要定时定期复习所学知识。

第二，学生要积极参与英语口语练习环境，切实提高自己英语口语能力。很多学生由于自己英语基础不扎实，对英语学习缺乏信心，因为害怕出错，所以尽量避免课上英语交流。这些心理包袱是必须丢掉的，学习英语就要热爱英语，积极参与各种英语练习，这样坚持不懈，英语口语一定会有显著提高。

（三）学校方面

如何提高学生英语口语能力一直是英语教学关注的问题，除了教师与学生的努力，还需要学校的大力支持。因此，学校要调整政策，积极支持英语口语教学。

第一，调整教学大纲。英语的"听""说""读""写"能力，对大学生来说同等重要。学校在教学安排时，要均衡安排。《英语教学基础大纲》对英语口语学习程度与等级做了明确的要求，学校可以根据自己实际情况，举办一些英语口语等级测试。同时，学校也要多安排英语口语课时，这样可以增加学生英语口语练习与纠正机会，切实提高学生英语口语水平。

第二，学校要选择合适的教材。学校在英语口语教学方面可以选一些适合自己学生学习口语的教材，也可以订一些英语口语杂志，这些资料内容贴近事实又以交际为目的，能够激发学生练习英语口语的兴趣。教师在使用教材时，不能照本宣科，也不能丢开教材，任意选择内容讲解。教师要将二者结合，适当联系当前社会热点问题和学生日常生活实际。

第三，培养师资队伍。学校要加大教师培训力度，切实培养一支高水平、高素质的英语口语教师队伍。学校可以通过多种方式来切实提高英语教师授课技能，组织英语集体备课，使所有的老师统一认识、步调一致。鼓励老教师一带一，切实"帮拉带"青年教师，鼓励年轻老师多听老教师课，弥补不足。另外，还要督促教师自学，以便提高教师授课水平。

第二章 大学英语口语教学的理论基础

教学理论对教育教学的作用不容小觑。大学英语口语教学的开展也离不开理论的基础。例如，建构主义理论、二语习得理论、合作学习理论、自主学习理论等，这些理论都为大学英语口语教学提供了指导。本章主要对大学英语口语教学的理论基础进行了分析。

第一节 建构主义理论

一、建构主义理论解读

建构主义是认知结构学习理论在当代的发展，它强调学生的巨大潜能，认为教学要把学生现有的知识经验作为新知识的生长点，引导他们从原有的知识经验中"生长"出新的知识经验。认为学习是在社会文化背景下，通过人际间的协作活动而实现的意义建构的过程。它强调学习者的主体地位，认为学习者在与环境和他人的交互作用中建构知识体系。建构主义教学观认为建构主义学习环境由情境、协作、会话和意义建构构成。具体来说，情境指的是一种特定的、真实的问题环境；协作指的是教师与学生之间、学生与学生之间的协作；会话是教学共同体中成员之间，成员与外界环境交流的过程，而意义建构是学习者在一定的情境中通过协作与会话完成新的知识建构。教师可以通过创设一系列教学情境，帮助学习者成为学习主体和调动学生学习的积极性。

大学英语口语教学需要有话题支撑，教学的过程需要老师和学生的交流和协作才能进行，学生的主体地位十分突出。因此，建构主义教学理论在大学英语口语教学中具有很强的适用性。笔者借助建构主义教学理论，运用建构主义教学观，研究如何在大学英语口语教学中更好地运用建构主义教学理论，并最大限度地发挥其优势，着重探讨如何在教学设计中创造良好的建构主义学习环境。

二、建构主义理论指导下大学英语口语教学的原则

（一）正确认识知识的本质内涵

建构主义理论不仅揭示了学习的过程是什么，同时也为人们了解和认识知识的本质带来了启发。在建构主义理论视野下，知识不仅是某个学科的科学发展和理论成果，更是借助某次特定的学习过程，学习者获得新知识的同时自身也对已有知识体系进行反观和回忆，并在新知识引导下获取对先前知识的重新理解。而这种重新理解正是建构主义理论最为看重和强调的。对大学英语口语教学活动而言，这种知识的本质观影响教学目标的设置及具体教学活动的开展。

（二）强调学生学习的积极主动性

建构主义理论认为，要想实现教学目标，就必须调动学生学习的积极主动性。这种积极主动性体现在学生主体内部时，即学生积极主动地将接收的新知识与已有知识储备进行联系和思考，并在思考中获得新认识，学到新知识。当这种积极主动性体现在学生主体之外时，则是学生个体为实现对知识的进一步认知和把握，在接收到新知识后，积极主动地查找、收集和整理相关资料，从而实现知识与知识之间的碰撞。从这个角度上说，无论这种积极主动性如何体现，都要求教学活动以调动学生的积极主动性为前提。因此，大学英语口语教学也应以调动学生开口说英语的积极主动性为前提，保证整个英语口语教学活动的生动性。

（三）团队协作与联系性学习

建构主义理论在解决什么是知识问题后，又揭示和分析了学习过程。结合建构主义理论对人学习过程的解剖，我国大学英语口语教学应在教学过程中注重学生的自主性学习。这种自主性学习的具体开展方式是小组协商学习。由于建构主义理论认为，知识与知识之间的互相融合和重新建构是学习过程的本质，所以在小组学习过程中，每个学生都应树立协作意识，各自根据学到的内容搜集相关知识资料。这种搜集过程就是学生联系性思维的锻炼和养成过程。比如，大学英语口语教学在应用建构主义理论组织教学活动时，应注重各个英语口语练习课题之间的联系，并提前对班内学生进行小组划分，组织开展小组学习活动，要求学生在各自的小组范围内尽量坚持全英文交流。这种协作学习的气氛，有助于提升学生使用英语交流的积极性。同时，这种方式也能够保证小组成员获得足够的知识资源和精神养料。

三、基于建构主义理论的大学英语口语教学的策略

（一）构建平等师生关系

传统的大学英语口语教学模式主要突出教师的地位和作用，而基于建构主义理论的大学英语口语教学需要打破这一传统观念，更加突出师生角色的民主平等。建构主义学习观认为人类的认知体系可分为三层：一级是感性认识层，二级是理性认识层，三级是联想层，而有失民主公平的师生关系，很难促进这三层认知体系的有机合作。口语教学具有高度互动性和情境性，只有在一个角色清楚、民主、平等的环境下，才能激发学生在口语学习的认知触角。因此，大学英语教师需要从一个更加独立、客观的角度，开展大学英语口语教学工作，学生也应更加积极、自主地参与大学英语口语教学。

（二）灵活制订教学目标

在教学目标上注重知识的自主获取和自我创新，要更加强调知识的结构性和体系性。因此，在大学英语口语教学中，应强调教学目标与学生学习需求的一致性。根据学生的学习状态和实际情况进行课程内容的选择与设计，打破传统"一刀切"的班级教学模式，采用阶段式的学习方式。此外，要更加凸显创新，从课程内容的知识选取到课后内容延展，以及教学方法的复合采纳，教研团队应针对高校学生情况进行具有针对性的教学体系设计，让学生能够在学习中明确定位和方向。

（三）树立科学的教学理念

建构主义理论为教学活动的开展提供了理论背景，但不能直接作为英语口语教学理念。从建构主义理论出发，大学英语口语教师应树立符合学科特征的、科学的教学思想和理念。例如，在教学过程中，坚持对学生主体性的发掘和培养，保证学生在学习英语口语的过程中充分表现出积极性和自主性。这两种素质是学生进行自我知识整合的基础。另外，还应将合作课堂的理念引入大学英语口语教学活动，让学生在学习英语口语的同时，增强团队协作意识。因此，重视学生学习的积极性和主动性，同时为学生学习英语口语提供合作学习的机会，是基于建构主义理论的大学英语口语教学思想和理念的主要内容。

(四) 借助信息技术辅助教学

在互联网时代，学会"自嫁接"是重要的学习方式。学生需要根据自己的知识结构获取知识，然后一圈圈地向外扩散，自主构建知识体系。新建构主义理论主要是建构主义在网络时代的衍生，更多的是依托信息技术进行知识的获取和创新，它强调"学习就是建构，建构中蕴含着创新"，认为学习需要充分发挥网络的作用，进行创新、应用、实践。所以，在大学英语口语教学中，教师可以广泛地利用互联网资源进行课堂模式的颠覆与创新，如将极具实践意义的翻转课堂模式应用到大学英语口语教学工作中。另外，也可以将课前和课后的知识延展和传授通过线上方式进行，充分利用课堂资源，集中进行口语的情景化训练和主题式的探讨。

(五) 采取多样化的教学方法

目前高校英语教学主要采用了以下三种模式：渗透式、单一式、选修式。然而，这些相对传统的教学方法并不能完全将大学英语口语教学工作落实到位。大学英语口语教学有其特殊性：学习群体的自主性较高，学习方式多元化，学习时间碎片化。因此，为了适应当代大学生群体的学习特征，教学工作者应在大学英语口语教学方法上做出改变和创新。借鉴国外大学英语教学方法，目前适用的有讲授式、探索式、研究式、体验式、合作式五种典型的教学方法。虽然，传统的讲授式相对单调、呆板，却在知识传递和框架梳理的教学工作中有着独特的优势。而以激发学生自主性为主的探索式教学法，需要教研团队做好严谨的教学设计。体验式是目前大学英语口语教学中备受青睐的方法，但是纯粹的体验式课程并不能完全适应所有的知识体系。所以，大学英语口语教学要综合采用多样化的教学方式，以体验式和深度研讨为主，适当进行个性化的自主选修式教学。

(六) 建立科学的教学考评制度

建构主义学习理论将教学分为多层次、多主体、结构化的过程，因此，在教学考评方面，需打破传统的教师单向评价学生的方式，注重多方考评，追求公平、客观、全面。大学英语口语教学模式是否有效，是否适合学生，需要在教学考评方面做出改变。考评方式需要形成教学双向考评，考评内容也不应局限于课程内容、课堂教学方法和形式，应建成一个普适度相对较高，考评效度和信度也较高的教学考评体系。①

第二节 二语习得理论

一、二语习得理论解读

20世纪70年代以来，人们运用各具特色的研究方法对获得外语能力的机制进行了研究。这些研究的侧重点各不相同，由此在该领域产生二语习得（Second Language Acquisition）理论，其中监控理论（Monitor Theory）最为著名。这一理论根据乔姆斯基语言习得机制的启发，提出在无意识学习吸收母语以外的一门语言时并不需要有意识地预先学习掌握相关语法知识。这些理论虽不能解决教学、学习中遇到的所有问题，但是有一定的启发作用。克拉申的二语习得理论——监控理论包括五个假说：

1. 习得与学得假说

"习得"（acquisition）与"学习"（learning）有很大的区别。习得是学习者在社会交流中无意识接受语言片段信息，在熟悉的情形下能够正确使用，但是并不知道使用所遵循的规则；学习是通过有意识、有目的掌握语法规则之后学习语言，重点在于把握语言的表现形式和规则并在使用的时候不自然地想到并运用这些规则。显而易见，习得根据实际语境获得对语言的理解，习得的知识直接用于特定场景的交流，对于语言的理解和产生起到启动作用，而学习的知识被用来监督语言的理解和产生。

2. 自然顺序假说

克拉申强调第二语言的学习遵从一定的规则，这些规则按照自然的顺序排列。学习的时候具有先后顺序，这种顺序是规则的自然的顺序，而不是教师的讲课顺序。

3. 监控假说

通过"习得"方式掌握语言的人，主要在于学习语言的功能和内容上，因而不需要随时关注语言形式是否符合规范，能够根据场景使用这种语言；使用"学得"方式掌握语言者，对于语言的语法规则掌握得十分娴熟，说起来头头是道，然而在口语表达时就词不达意，因为他们时刻在监控语言的表达是

---

① 熊毅红. 基于建构主义理论的大学英语口语教学策略研究［J］. 英语教师，2017（19）.

否正确，是否符合规范，而没有注意表达的含义是否到位。从语言使用的目的来说，便于交流的方式显然是最适合的方式，因此"习得"比"学得"更为重要，语言习得方式才能真正促进第二语言的学习。

4. 输入假说

输入假说是二语习得理论的核心，输入的形式对学习者没有那么重要，而是应该重点理解输入的意义，通过"可理解的语言输入"（comprehensible input）而逐步习得二语。在学习的过程中，学习者要突破现有的学习水平，接受输入的语言水平不能太高，比现有水平稍高最好，即是一个循序渐进的水平，而不是突飞猛进。如果用数学来定义，现有水平表示为"i"，下一阶段表示为"i+1"，如果要取得学习成就，自然不能是"i-1"，但如果是"i+2""i+3"……也并不能收到理想的效果。①

5. 情感过滤假说

输入是外部刺激，并不能完全决定学习效果，学习者本身的心理状态作为内因，起到关键作用。比如学习动机、自信心和情绪等心理因素和情感变量能够极大影响学习的效果，主要表现在这些"情感因素"能够过滤语言的输入，这一理论被称为"情感过滤假说"。克拉申强调，学习者的学习动机、自信心、积极态度和情绪对学习的影响非常大，昂扬的学习动力、乐观的态度和稳定的情绪能够促进输入的吸收，过滤语言作用相对小，吸收更多的可理解性输入。反之，悲观的态度，消极的态度，对语言的情感过滤作用大，吸收的语言量就少。

二、二语习得理论对大学英语口语教学的启示

（一）创建自然、轻松的口语教学环境

二语习得理论强调，语言输入应保持在学习者可理解范围内，才能将语言材料实现吸收与转化过程，进而完成语言习得。所以，在高校英语口语教学过程中，教师应结合学生的学习实际和特点，尽量多安排那些可理解的语言输入。具体而言：第一，英语口语教师在日常教学中务必留意学生的整体学习状况，根据既有的学习能力，选用略高于大学生既有口语水平的英语学习素材，不论是日常听写训练还是的口语对话，都应适当地增加难度，如此一来便可以增强学生的口语能力。第二，口语教师应在教学过程中巧用多媒体教学设备，筛选出现代大学生喜闻乐见的电影及视频，既能丰富英语口语教学课堂，同时

---

① 连雅静. 二语习得理论对英语口语教学的启示 [J]. 菏泽学院学报, 2017 (4).

通过对西方电影的观看使高校学生了解日常口语对话的特点。第三，英语教师也可利用课余时间向学生介绍相关口语方面的专著，比如名家讲座、优美散文等，让学生自主学习，并从这些书籍、活动等中汲取养分，将这种语言输入内化为知识储备，从而进一步提升英语口语水平。

(二) 举办丰富多样的口语训练活动

学习地道的英语口语表达，实现英语语言的输入和输出是十分必要的。但要想提高语言输出数量，增强语言能力，就必须依赖于口语实践活动的作用。大学英语涵盖了"听、说、读、写、译"五种技能，它们并非独立存在的，而是有着紧密的联系，缺乏其中的任何技能都无法获得全面的语言能力。由此可见，具备娴熟的听、读、写、译技能对高校口语训练有着极大的促进作用。在实际口语教学中，教师应将听、说、读、写、译五种技能应用到口语实践活动之中，从单人表达深入到交互式口语对话，进而逐步提高学生的语言交流能力。首先，开展课前趣味口语练习。教师应在课前组织学生进行口语表演；运用多媒体教学设备，播放优美英文歌曲并开展竞猜活动，如此一来既可以活跃口语课堂氛围，使学生始终保持愉悦的心情，同时也可以减轻对口语学习的紧张、焦虑等心理。其次，教师应在讲授新知识前安排学生以口语形式将生活趣事分享给全班同学。在实施该活动时，必须注意语言输出的质量，通过采用各种手段来呈现英语口语，从而有效提高口语水平。此外，教师应在课堂中引领学生看图说话。图片作为高校英语教学过程中的重要辅助性教学内容，不论是在英语翻译中还是日常口语训练中都推动了高校英语教学的发展。口语教师可根据收集到的与教学内容相关的图片，要求学生仔细观察图片，将图中所包含的信息用流利的英语口语表达出来。

(三) 加强对英语国家的文化学习

任何语言都是文化传播的重要载体，而语言的交流可以充分反映社会文化。但是由于中西文化存在较大的差异性，所以直接影响英语口语的表达。因此，教师在选择语言材料的同时还必须考虑到文化因素，比如通过观影、阅读、音乐等诸多手段来熟知一些国家的人文艺术、宗教信仰、风土人情以及政治历史等方面，强调西方文化中的客套语、委婉语、禁忌语和命令语等运用场合，避免文化因素带来的心理焦虑和语言障碍，从而不断提升跨文化交际水平。因此，高校英语口语学习者不仅要具备超强的语感，而且还应增强自身的文化感知能力。这样一来，高校学生的口语表达更加符合语言的思维习惯，而非中式化英语。

(四) 注重情感的培养

人脑有情感过滤器，控制着语言输入，要实现语言习得还需要人脑向语言开放。自信、积极、放松的学习者的情感过滤低，意味着能接受更多的输入。因此，在语言习得过程中应创造一种情感过滤低的环境，建立良好的师生关系，教师关注学生学习的同时，也要关心学生的生活，学会倾听学生的心理问题，始终灌输教师是学生学习过程中的协助者、组织者、引领者的思想观念。教师绝不是站在学生的对立面的，而是课堂学习活动的协作者、课堂项目和教学项目组的成员或是项目的组织者。教师在课堂上应该多使用鼓励性的语言，多赞扬、多鼓励，少批评和指责，避免学生产生一些消极的学习心理因素，如缺乏自信、焦虑、学习态度不端正等，帮助学生树立积极的学习态度，明确学习目标，激发学生的学习兴趣，确保达到良好的教学效果。[1]

(五) 强调对语感的训练

英语是一门重要的语言，其属于中国的第二大语言，离不开听说读写的训练，学生只有经过不断的语言训练，才能实现英语语言水平的不断提高。大学英语注重对学生英语口语表述以及实用性、交际性的考察，其主要以就业为导向开展英语教学，旨在培养职业性的英语人才。为了实现教学的有效性，应将二语习得理论应用其中，营造更为融洽的英语学习氛围，根据英语母语的实际环境进行设计，是提高英语教学质量的重要前提。在大学阶段，英语学习已经不仅仅局限于基础知识与语法点的学习，而是要加强对大学生语感的培训，经过长时间的接触与学习英语，学生会在相应的环境下自然而然地说出来，加深语言学习的境界。因此，应加强英语阅读与视听说类的课堂教学，旨在培养与锻炼学生的语感，可为未来就业提供重要的保障。

(六) 提高英语语言质量

在高校阶段开展英语教学工作，应加强对学生英语应用能力的培养，尽量选择先听说后读写的方式，通过一定的语言刺激与影响来激发学生的行为，利于调动学生英语学习的主动性。此外，在教学的过程中会使用大量的教材，为了提升学生对英语语言的掌握水平与质量，应根据一些主题或题材从中选择优质的语料，将这些高频词汇应用到日常的交际之中，会大大加深学生的印象，在自然的环境状态下即可实现英语水平的不断提升。为了烘托学生的主体地

---

[1] 雷隽博. 二语习得理论在英语口语教学中的应用研究 [J]. 兰州教育学院学报, 2019 (2).

位，教师可以利用多媒体来进行知识点的演示，让学生以小组的形式进行讨论，为学生创造更为优质的平台，遵循现代教育的基本原则。此外，在语法教学阶段，应设置一定的英语语言情境，在相配套的情境下能让学生充分感知语法知识点所表述的逻辑关系，利于学生理解。

（七）尊重学生个性发展

知识经济时代的到来，信息技术、科学技术等都得到了不断的发展与革新，一些个性化的工具、元素为英语教学工作的开展提供了重要的载体。新时代，为了提高高校英语教学的实效性，应尊重学生的个性化学习，以计算机为载体开展多媒体教学、在线视频教学、远程教学等等，充分发挥现代信息技术的科技优势，能实现英语教学的创新，符合大学生的情感追求与兴趣爱好，利于提高大学英语教学质量。

第三节　合作学习理论

一、合作学习理论解读

合作学习是20世纪70年代初兴起于美国，并在70年代中期至80年代中期取得实质性进展的一种富有创意和实效的教学理论与策略。由于它在改善课堂内的社会心理气氛，提高学生的学业成绩，促进学生形成良好非认知品质等方面实效显著，很快引起了世界各国的关注。

合作学习是指以学生为中心，以小组为形式，通过小组成员的互助活动和教师的指导，小组完成一定的学习任务，以促进学生在认知、情感和态度上的积极发展。合作学习是将班内学生分成若干小组，为了共同的学习目标，通过小组活动的形式，结合教师讲授和组内成员相互交流，使每个学生既能独立完成自己的任务，又能利用共同资源而相互促进，共同进步。合作学习充分体现了"以教师为主导，以学生为中心"的教学理念，强调了在教师指导下的自主、合作、探究式学习。

二、合作学习理论在大学英语口语教学中应用的阶段

合作学习模式在大学英语口语教学中的应用可以概括为科学分组、明确任

务、协作学习、交流讨论、评价总结五个阶段。

(一) 科学分组

小组活动是英语口语课堂合作学习的基本组织形式。在划分小组时，应考虑学生的英语基础水平、语言能力、学习能力、男女比例搭配等，尽量使小组内成员的学习风格、学习基础、个人性格特征等存在一定的差异，即"组内异质"，按照"互补互助、协调和谐"的原则，实现小组成员内部的相互学习、借鉴和共同进步。每组人数控制在4~6人，并设一名组长，协调好组员承担活动记录者、时间管理者、活动交际者、概括整理观点者、发言者等角色的分工。

(二) 明确任务

教师要充分利用多媒体课件等辅助教学手段对合作学习的内容进行精心设计和选择，详细列明需完成的口语交际任务每一个步骤的具体内容和要求，布置的学习任务应该适宜开展集体研究和组员协作。同时，要注意合理控制难度，选择恰当的具有启发性的设问角度。教师在开展活动前，做好话题的相关引入，给学生必要的材料支持，比如给学生提供相关的交际功能性句型，提炼并列举同类的经典句型。

(三) 协作学习

教师做好监督者、控制者的角色，促进学生全面参与协作学习，指导每个小组进行明确的分工，防止个别优等生交流垄断和个别后进生趁机浑水摸鱼的现象。学生要充分认识到沟通交流对提高自己的重要性，积极主动地完成自己负责的任务，融入团队的整体学习，学会同其他组员的配合、互动，支持他人，倾听意见，协同完成任务，共同发展。

(四) 交流讨论

教师指导每个组员都要发言，并且发言内容不同于前面所有发言者，提醒学生尊重同伴，认真倾听，不打断同伴的发言，即使有不同的意见，也得控制自己的激动情绪；提醒学生在倾听别人发言的基础上，记住别人发言的内容，抓住别人发言的精髓，通过分析、比较、判断、综合来充实丰富本组的观点，使学生在相互启发中深入思考和认识，归纳出各组员达成共识的观点，总结出分歧之处，并推选出一名组员汇报讨论结果和疑问之处，以便向别的小组或教师请教。发言过后，其他组可就其所述内容进行提问，由该小组的成员负责答疑,这样可以形成整个班级的互动与思想交流。

(五) 评价总结

教师进行科学客观的评价是很有必要的,对于以后小组的合作学习起着良好的反馈和促进作用,既要让学生看到他们的努力得到了教师的认可,享受到成功喜悦,树立自信心,又要让他们意识到这次教学活动自己小组存在的不足便于改正。

教师的评价内容要从合作结果和合作过程两方面进行。合作内容方面,评价小组成员关系是否合作愉快协调、小组间信息沟通的数量和质量、小组成员是否在学习过程中可激发许多的内部动力、交流过程中的投入状况这些具体内容。合作结果方面,评价小组讨论的结果解决问题的程度、学生对学科知识的理解与应用和解决问题的技能的掌握情况。而且,教师在合作结果的成绩评价时,注意点面结合,以最大限度地协调每个小组的组员学习积极性为原则,小组成绩不能等同于个人成绩,对合作小组的评价应着眼于过程,对个人的评价偏重于结果。

总之,合作学习对激发学生英语口语学习的兴趣、提高学生积极主动和表达口语的能力这些方面,是一种非常有效的教学方法。但在运用中还需要教师不断地总结与摸索,特别是课前做好教学设计并在课堂中对教学进行有效调控,以期形成一套成熟、有效的英语口语教学模式。

三、合作学习理论对大学英语口语教学的启示

(一) 激发个体的主体意识

小组合作学习为成员提供更多语言交际和个人展现的机会,有利于激发成员的主体意识。因为小组成员每人必须承担各自的职责和任务,每个成员的积极性被调动起来,从被动参与变成主动表现,提高了小组成员的参与度。科学合理的小组分工和考评方式促使每个成员必须做出自己的贡献,否则成员不仅会被组员抛弃,也会在同伴评价中得不到成绩。同时,由于异质分组充分考虑到了组间成员的个体差异和互补性,在异质小组的合作学习情境下能够形成公平、合理的组间竞争,小组成员彼此间起到带动作用,在合作中达到相互促进学习的目的。

(二) 营造积极的课堂氛围

口语课堂上合作的集体学习,有利于创立积极的课堂学习气氛。课堂气氛

直接影响学习者学习情绪及师生之间、学习者之间的相互交流，制约学习者的学习态度和动机。合作的集体学习，能保证和满足学习者归属感和自尊感的需要，促使学习者积极学习，充分发展口语能力。外语学习的语言输出比较容易受到语言环境的影响，比如具有压迫感的环境容易造成学习者口语焦虑，对语言输出产生负面影响，而小组合作的方式降低了个体展现的压力感，容易营造一个相对轻松的学习氛围，帮助学习者克服和缓解口语焦虑。

（三）增强团队合作精神

小组成员在完成形式多样口语任务的同时，培养了社会交际能力，增强了团队合作精神和凝聚力。团队合作精神不但可以使小组成员协调合作，而且还可使小组作为一个整体发挥功能。每个成员不管其能力大小，都能给小组口语活动任务的完成做出独特的贡献。小组成员之间必须彼此信任，相互支撑，共同合作完成整个学习任务。特别是小组竞赛和成果展示，让每个小组以自己的方式来展示任务的完成情况，从而提高成员的竞争意识和合作精神，小组成员各尽其责、能力互补、全面协调，而且通过组间互评的形式，小组成员的团队凝聚力增强。

（四）建立积极的师生关系

合作学习模式转变了传统的教学模式，有利于建立积极的师生关系。外语课堂上学习者与学习者之间以及学习者与教师之间团结、合作、相互支持的人际关系对外语学习效果是非常重要的。合作学习的实践，实现了大学英语口语教学中生生互动、师生互动的交际功能，促进了师生角色的转变。在合作学习模式下，教师与学生之间从传统的"权威与服从"关系逐步转变为"指导与参与"的关系。教师不再是知识的灌输者，而是整个教学活动的设计者、指导者、监督者和评价者；学生不再是知识的被动接受者，而是积极主动的学习者、研究者、参与者和评价者。

第四节　关联理论

一、关联理论解读

关联理论是 20 世纪 80 年代斯珀伯（Sperber）和威尔逊（Wilson）在《关

联性：交际与认知》中提出的一种特殊的心理认知模型，从认知的视角出发，旨在通过对受话人的理解、推理等心理认知过程进行阐释，从而使人们能够更好地了解语言使用的规则和原理。关联理论是以关联性概念与关联原则为基础分析言语交际中的话语理论。关联的原则包括了以下两点：第一，认知原则，即人类的认知倾向于与最大限度的关联性相吻合；第二，交际原则，即每一个话语（或推理交际的其他行为）都应设想为话语或行为本身具备最佳的关联性。在关联理论中，关联性被看作是从输入到认知过程中的话语、思想、行为、情景等的一种特性。

关联理论是一种用于解释说明—推理的交际理论，它的成功取决于关联性，更贴近人的认知主体，也与人的认知心理学和认识的基本事实相一致。关联理论以信息加工的认知理论为基础，对言语理解进行了阐释。它限制了信息加工中所需的多种上下文情境。斯珀伯（Sperber）和威尔逊（Wilson）从人类的认知特性出发，认为认知总是在尽可能少的精神投入下获得最大的认知效应。顺从者仅注意和处理相关的词语，往往在相关上下文中进行处理，并且建立与之充分相关的心理特征。关联理论对不同层次、不同形式的交流，如文学作品、广告媒体、翻译等，都有着很好的解释能力。此外，关联理论还可以对隐喻、转喻、幽默、反语、夸张等隐喻进行分析。[①]

二、关联理论与大学英语口语教学的关系

根据关联理论，话语交际的成功取决于语境信息的正确假设和最佳关联。英语口语是以交际为主的一门课程，自身具有交际性。因此，在大学英语教学中应培养学生正确推理语境含义、建立最佳关联的能力。这一能力的培养不仅要求学生具有专业知识，而且要求其具有语言推理能力、非专业知识及理解语言的语法知识。同时，口语的交际性也使学生既充当听话人，又充当说话人，因此还要求学生具备建立语境关联的能力。以上这些能力的培养和形成不是单一领域知识的学习，而是多方面的。根据关联理论，大学英语口语课首先应培养学生的专业基础知识，即基本的英语语法知识、英语词汇的识记能力等；其次，培养学生的语境判断和反应能力，即能在有限的时间内反映出对话的基本内容；最后，培养学生的构建对话与理解对话的能力。

---

① 苑颖. 浅析关联理论对大学英语阅读教学的作用 [J]. 现代英语，2022（16）.

三、关联理论指导下大学英语口语教学的策略

(一)英语专业基础知识和能力的学习

口语能力的提高要求学生掌握基本的专业知识和能力，如英语词汇、阅读、写作等。虽然大多数院校都针对这些能力的培养设立了专门的课程，但将这些能力综合起来并加以运用的最直接体现是学生的口语实践。因此，在口语教学中，教师应安排一部分时间帮助学生学习和强化基础知识及技能的理解、运用，因为这些是学生正确、流利表达的必备基础。

听、说、读、写四项技能相辅相成，不可分割，阅读能力的提升对口语的提升有着重要作用。如何在口语教学中通过提高学生的阅读能力促进其口语的发展也是值得教师思考的问题。教师给予学生一篇文章或一段文字后，除了要解决基本的词汇问题之外，还应了解学生对篇章大意的整体把握能力，并在此基础上布置如对话、角色表演等活动。教师可以运用关联理论引导学生阅读文章、习得语言，为口语输出积累素材。在这一过程中，教师可以引导学生根据材料，结合语境假设寻找最佳关联。学生选取关联得当，就会获得理想的语境效果，从而能较正确地理解文章，为角色表演奠定基础。如果学生在某一方面出现了问题，教师应及时加以提醒，帮助他们建立最佳关联。多次训练之后，学生便可以逐渐掌握并运用明示—推理思维，熟悉寻找最佳关联的方法，从而逐步提升口语表达能力。当然，要建立最佳关联和形成对语境含义的正确理解，需要学生在具备扎实的基础语言知识后不断努力。同时在写作和听力教学过程中也可以渗透口语教学，教师应让学生明白文章应该是作者与读者之间的交流，无论是自己撰写文章抑或是阅读别人的文章，都应多运用关联理论的思维去分析和理解，然后用自己的语言表达出来。通过这样的训练，学生便能在掌握基础知识的基础上获得极大的提升，而这一点对推动英语口语教学起着至关重要的作用。

(二)提升学生对语境的判断能力和反应能力

对话语理解起作用的是由听话人的一系列假设所构成的认知语境。这种语境不同于传统语用学所提出的语境概念。传统语用学的语境范畴十分广泛，是指话语发生的各种维度，如时间、地点、上下文、人的心理等，是一个预先设定的概念。关联理论下的语境是一个动态的概念，是听话人对具体交际的心理假设，因此具有个体差异。正是由于这种个体差异的存在，在口语课堂上，学生对同一个话题的理解会产生不同的语境假设，因此如何引导学生高效率地形

成正确的语境判定和反应是非常重要的。关联理论下的语境假设是在话语交际中产生的。话语理解中既有学生个体的认知语境，又包括了话语的语言语境。要培养学生形成高效率的语境判定和反应能力，需要教师引导学生对接收到的信息进行细致的分析和处理，同时对学生形成的错误语境含义给予纠正。

在大学英语口语课堂教学中，教师可利用英语口语话题的多样性要求学生模拟多种相应的情境，训练学生的语境判断和反应能力。例如，假设一个场景，学生作为一名外事处工作人员接待一名来自英国的女教育家，要求接待员向这名教育家提问，从而了解英国的大学教育情况。在学生对话期间，教师需观察学生的提问内容、句式以及肢体语言，同时判断学生是否能对对话做出最佳关联的处理。如果学生在这一过程中提问了对方的年龄、收入、家庭等情况，说明学生没有形成正确的语境，因为以上这些在英国人看来都是隐私，而英国人不喜欢别人打探他们的隐私。如果学生犯了错误，教师应加以提醒，并重新给出一个类似情境，要求其再次参加情景练习。通过多次的训练和纠正，学生在这一过程中会逐渐提高对语境的判断和反应能力。

(三) 培养学生构建对话与理解对话的能力

大学英语口语教学的最终目标是学生能在实际生活中熟练地运用口语进行交际。口语交际的实现要求交际者交替充当听话人和说话人的角色，因此交际双方都必须具有构建对话与理解对方观点的能力。当学生已具备基本的英语基础知识，同时能对不同情境做出正确的语境理解和实现最佳关联时，教师可以训练学生构建对话与理解对话的能力。在这一过程中，教师应鼓励学生创设有利于交际双方理解的语境，并利用最佳关联的方法找到关联性，从而构建具有情境性的对话。具体而言，应把握以下两点：

第一，了解和学习不同文化，构建符合特定文化和场景的对话。学生将来要面向社会，他们在英语口语交际中会遇到各种文化的交流，因此了解文化常识为其进行成功的话语交流提供了可能。

第二，在构建与理解对话的过程中，应拓展学生的认知语境和培养他们的语境预测能力。认知语境的培养需要学生平时多积累知识和训练语言能力。因此，教师可以辅导学生阅读多样化的刊物，涉猎各种文体，训练学生的反应能力，逐步提高他们的语境辨认能力。在培养语境预测能力上，教师可以定期或不定期地采取测试的方式来了解学生的预测能力，对学生表现薄弱的地方给予针对性的辅导和帮助。通过这些训练，学生会在头脑中积累多种文体及语言情景知识，当面临新的口语交流任务时，他们就会在头脑中激活一些与所积累的知识相关的真实语境，从而提高他们在真实语境中的表现和反应能力。

第五节　自主学习理论

一、自主学习理论解读

自主学习理论是在教学论和理解学习理论的基础上提出的一种教学理论，传统的学习理论是"以老师为主""被动式学习"为教学思想，而自主学习理论是"以学生为本""学习自主化"的现代化学习理念，将课堂交给学生展开知识学习。在自主学习理论的应用过程中，需要老师给学生以学习引导，制定各种以学生为主的教学方案，让学生能够自己做主具体的学习，能够通过自主选择最适合自己的学习方式，通过阅读、听讲、研究、观察和实践等手段发现自身知识学习的短板，并进行改正。

"自主学习"的教学应用要求学习者应具有学科的自主学习基础知识和一定的自主学习策略，拥有自主学习的资源和督促管理自己进行持续自主学习的评价体系，即是：建立在自我意识发展基础上的"能学"，建立在学生具有内在学习动机基础上的"想学"，建立在学生掌握了一定的学习策略基础上的"会学"，建立在意志努力基础上的"坚持学"。从"能学"到"坚持学"需要学习者将自主学习能力学以致用，对口语学习进行自我计划、自我监控和自我评估，使其贯彻于英语口语学习过程中，达到学习效果最优化。

培养学习者的自主学习能力对大学英语口语教学有着深远的意义，如何提高大学英语口语教学成效是我国当前英语教学改革中的一大难题，这与当前的英语口语课堂现状有着紧密联系。目前，英语口语教学大都采用大班教学，课堂学生训练时间有限，课外没有相应的语言环境，学生处于知识的"机械化"接受，种种原因导致口语教学一直是英语教学中的难点。因此，培养学生的自主学习能力对英语口语教学有着举足轻重的作用。首先，语言本身的复杂性需要通过反复地训练、纠正、再训练，这使得英语课程培养学生的自主学习能力的必要性更为突出，让学生对自己的英语口语学习负责，确立明确目标，制定有效的学习方案并付诸行动，同时进行自我监控。只有这样，才能让学生对英语学习有着明确的认识。其次，传统的口语教学中学生缺乏自主性，过分依赖教师，容易使学生产生惰性，丧失英语学习兴趣，产生负面情绪。自主学习强调在课程中应以学习者为中心，教师在整个教学过程中起着协助、指导的作用。在自主学习的模式下，学生能根据自己的实际情况有选择性地进行学习，调整学习策略,完成学习任务,凸显成就感,增强学习自信心和积极性。最后,自主学习有助于提高学生的社会竞争能力。在科技日新月异的信息社会中,知识时刻更新,人们需要不断学习才能适应社会需求。因此,只有具备较高的自主学习能力,才能在激烈的社会竞争中得以生存。

二、自主学习理论在大学英语口语教学中的可行性

(一) 网络科学技术发展是基础

自主学习理论能够在英语口语教学中提高应用和可行性,最重要的原因还是当前社会是网络科技发展的信息时代,先进的信息技术让知识的学习成为一种唾手可得的行为。网络科技信息技术的发展,让先进的信息技术成为自主学习理论在英语口语教学的方式发生了巨大的改革。举个例子,英语的口语教学主要难点在于两点,第一点是英语的单词读音准确性,过去的学习方式都是需要专业的英语老师带着学生朗读,纠正学生的发音。第二点则是需要找合适的人进行英语对话练习。在过去这是一个比较难以解决的问题,因为老师并没有时间陪伴学生练习口语,而网络技术的发展,让学生在手机上就能够实现口语读音的纠正和英语对话练习,有效提高自主学习理论在英语口语教学中的应用,解决了学生自主学习的资源、材料问题,让学生在学习的过程中变成学习的主动者,更迅捷、更自由地获取英语学习信息。[①]

(二) 英语口语学习方式进步

英语的口语教学方式从基础上来说,只有"读"和"练"两种类型,而这两种类型都需要大量的、反复地练习才能够达到英语口语化练习的标准。自主学习理论在英语口语化的教学运用中,以提高学生英语口语教学的意识,让他们能够依据自主学习理论作为英语口语的学习指导方向,寻找更适合、更轻松、高效率的英语口语学习方式。经过无数的学习案例分析,有意识的学习相比于无意识学习和抗拒状态下学习,是英语口语学习质量提升的重要标准,也能够促进学生在学习过程中自主解决学习问题,促进英语口语学习方式进步的重要内容。[②]

[①] 张颖,王狄秋,高崇阳.自主学习理论在英语口语教学中的应用 [J].福建茶叶,2020 (1).
[②] 薛健 "互联网+" 背景下应用型本科英语口语自主学习能力培养研究 [J].校园英语,2019 (2).

三、自主学习理论指导下大学英语口语教学的策略

（一）强化语音训练

目前我国大学生英语口语水平相对低下，主要问题在于学生英语口语基础不扎实。因此，加强语音语调的训练，夯实学生英语口语学习是培养自主学习能力的基础，是提高英语口语水平的首要任务。在进行语音训练过程中，教师应发挥辅导作用，在课堂上运用多媒体技术与多种教学技巧，激发学生的学习兴趣。学生基于自主学习的环境下，保持轻松、自然的心态，逐步建立自信心，制订适合自身的语音自主训练计划，及时检查学习成效，发现不正确的发音及时纠正，进行自我监控与评估。学生在逐步掌握标准的语音语调及发音技巧的同时，不断摸索完善自身的发音策略，从而使其自主学习英语口语的能力得以提高，形成良性循环。

（二）创建学生英语口语交际环境

英语作为一门交际的语言，其价值在于实现有效的语言交际。在缺失语言交际的环境下进行语言学习，其成效难免差强人意。因此，要提高英语口语教学水平，应尽力创造条件为学习者提供英语口语训练的交际环境。在课程教学过程中，教师可设计多种多样的课程训练形式，鼓励学习者自主地积极参与课程活动，锻炼逻辑思维能力，激发学习兴趣，不断提高英语口语水平。在当前高等院校中，创建英语口语交际环境对英语口语水平的提升有着不可忽视的推动作用。例如，创办英语角（English Corner）或英语口语俱乐部（Oral English Club），在指导老师与其成员的协助下，定期开展多种形式的活动，如话题讨论、辩论会、话剧表演等，有效地锻炼学习者的英语口语表达能力，应答及思辨技巧，开阔视野，提高学习兴趣。除此之外，在日常的自主学习过程中，可进行简单的口语训练，如复述（Retelling），通过对知识的整理分析与加工后，自己组织语言进行内容的再现，这种简单有效的口语训练模式，对我国目前目的语语言环境缺乏的学习者而言，是行之有效的方法之一。为了尽可能地创造英语交际的语言环境，教师在进行英语口语教学中可适当地采用全英文教学，让学生置身于目的语语言的环境熏陶下。学习者在足够的目的语语言素材输入过程中，发挥自主性，对语言进行分析、编码、再加工，形成符合自身特点的语言，实现目的语语言的输出。

(三) 引导学生制订、执行自主学习计划

自主学习对于大部分在校大学生而言相对陌生，他们对此了解不深，因此在培养学习者自主学习能力初期，教师应帮助学生针对口语学习制订出一个适合自己的、有可行性的自主学习计划并指导其付诸行动。学生在制订自主学习计划时应考虑自身学习特点以及对知识的接受程度，制定出切实可行的计划。与此同时，在制订计划时应有所侧重点，重点强化自身英语口语中的薄弱环节。学生英语口语自主学习计划可以包括：确立英语口语学习的目标和任务的制订，口语训练形式、材料、内容和口语学习策略等。口语的选材应难易适中，能满足学习者自身的学习需求及现有的口语水平；口语内容应不拘一格，可将生活中的点滴细节作为切入口，亦可谈论国家政治、经济、文化等；口语材料应尽量多元化，可以是对话、新闻、故事、美文等；口语训练形式既可以一对一、一对多，也可以即兴演讲、访谈、辩论等。教师应该定期对学生自主学习计划加以指导，同时不定期地对执行成果组织检查，帮助学生形成自我监控的长效机制，对执行效果不佳的自主学习计划及时修正，完善。

(四) 建立多元化的评估体系

评估是指对学习者的学习成效进行评价。学习者应定期对自己的学习成效进行考核，并根据实际的自主学习情况对计划及时地加以调整修改、总结、反思。学生通过教师的评估，在此过程中不断地摸索，认识自我，建立自信心，调整学习策略，促进自身的学习成效，提高语言综合运用能力。值得一提的是，在对学生进行自主学习评估时，教师应采用多元化的评估体系，以全面客观地评定学习者的自主学习成效，如：学生自评与教师评价相结合、形成性评价与终结性评价相结合、定性评价与定量评价相结合、英语口语综合评价与单项评价相结合的多元化评估体系。全面客观的评估体系能及时地帮助学习者了解自身在自主学习过程存在的不足，促进学生调整自主学习计划，不断地提高学习者的自主学习能力，实现英语口语语言交际。

第三章　大学英语口语教学与互动式教学

互动式教学法起源于美国，主张在教学过程中师生平等，师生双方能够进行交流，对待彼此能够坦诚，遇到有争议的问题可以通过沟通和协商的方式加以解决，必要时也可以进行辩论，最终实现各种观点的碰撞融合。这对师生双方教学和学习积极性的提高以及创新思维方式都具有非常积极的作用。在大学英语口语教学中，互动式教学法能够改变传统的教学模式，提高学生在课堂上使用口语的次数，对于提高学生的英语口语水平有显著的效果。本章将主要针对互动式教学法在大学英语口语教学中的应用展开研究。

第一节　互动式教学概述

一、互动式教学的内涵

互动这一概念源自社会心理学，是人与人之间进行情感交流的过程，它可以是两个人之间的交流，也可以是多人之间的交流，交流的信息可以对交流的双方产生影响，还需要注意的是，互动要求双方一定就大家都感兴趣的主题进行讨论，否则互动的效果可能不会太好。

英语教学经过了较长时间的发展，已经形成了相对完善的理论体系，当前，比较受大家推崇的一个教学理论就是交际英语教学理论，该理论的核心强调的是交际能力的培养必须要具备"互动"这一性质。如果对交际进行深层次内涵的挖掘，就会发现，其关键就在于互动，且互动还能将交际的内容全部展现出来。

在英语教学中也存在互动，并且有些学者在总结英语教学互动经验的基础上提出了英语互动式教学这一概念。英语互动式教学是一种不仅重视教师与学生之间的互动，而且重视学生与学生之间的互动、学生与教学中介的互动的新的教学方法，该方法能够在很大程度上推动英语教学的进程，增强英语教学的效果。在运用这一教学方法时，教师要尊重不同学生的个体差异，要在分析学生性格与特点的基础上，为其创设一个良好的教学环境，引导学生自觉探究问题，从而使其可以进行自主学习活动，并不断发展自己的个性。

英语互动式教学将教学活动与学习活动结合起来，实现了二者的统一，教师与学生的界限被模糊了，二者既互为主体，也互为客体。基于此，教师与学生之间所进行的互动与交流都是一种良性的互动，在教师利用必要的教学方法的组织与引导下，学生不仅掌握了英语理论知识，而且还能掌握丰富的文化知识，发展自己的智力，陶冶自己的情操。教学是教师与学生的双向互动的过程，要想取得不错的教学效果，二者缺一不可，也就是说，既要调动教师教学的积极性，也要调动学生学习的积极性。

与传统英语教学方法相比，这一教学方法最显著的差异体现在"动"字上，体现在"动"的对象与程度上。传统英语教学也有"动"，只不过在传统英语课堂上，教师是"动"的一方，将所有知识全都灌输给学生，而学生相对处于"静"的状态中，只能被动地接收教师所传授的知识。但互动式教学将这种"动"的状态彻底打破了，实现了教师与学生之间的良性互动。

将互动式教学融入英语教学中，主要可以发挥出三方面的作用：第一，能提高英语教学的质量，能培养学生的综合应用能力；第二，在最近一段时间内，中国英语教学研究的成果并不突出，而互动式教学法在英语教学中的应用可以说是一个不小的成果，它极大地丰富了英语教学研究的内容体系；第三，它是对英语教学方法体系的有效补充，更重要的是，英语教师在实际教学中可以运用这一方法，拉近与学生之间的情感距离。

二、互动式教学的特点

（一）互动性

与传统的"注入式"教学模式相比，[1] 互动式教学模式的最大特点是强调"动"，通过师生间的互动、生生间的互动、人与环境之间的互动来营造一个师生和谐、愉快的学习环境。教师首先对每个教学环节进行精心准备和设计，然后在课堂上利用围绕授课内容不断地向学生发问、引导学生思考、共同讨论等方式来调动学生的学习兴趣，促进学生思考，达到师生间的互动与交流；生

---

[1] 成畅. 大学英语教学与课程建设新探索 [M]. 长春：吉林人民出版社，2021：77.

生间的互动是指教师借助案例分析、项目任务、情景模拟等方法来引导学生分组讨论、团队合作等，促进生生间信息、知识的交流与融合；而人与环境之间的互动是教师借助课外资料、视频材料、教学卡片等与教学有关的辅助材料和器材，尽可能地利用教学环境，促进人与物、情景的互动。

（二）主体性

互动式教学旨在于培养和发展学生的主体性。在这种教学模式下，教师不是单纯的"授之以鱼"，而是重在对学生的引导与鼓励，不断激发学生的参与意识和主动思考能力，构建轻松、愉快的学习氛围。这种教学模式一改以往教师讲、学生被动听的教学弊端，学生在学习中通过主动参与，不仅激发了自身学习的积极性和主动性，而且提高了分析问题和解决问题的能力。

（三）合作性

互动式教学不仅能培养学生的个体能力，还能塑造其团队合作精神。教师分配一些有待于团队合作才能解决的任务，通过师生之间的思考讨论与合作、生生之间的思考讨论与合作，学生不仅可以在教师身上学到新知识，也可以在同伴身上学到新知识，同时，合作还训练了学生的合作能力、交往能力和协调意识，通过不断地合作，最终达到培养学生解决问题的能力和团队合作的精神。

（四）创新性

互动式教学模式与传统教学模式的最大区别是其强调学生的主体地位。在该教学模式下，学生不再是通过教师授课被动获取知识，而是借助多边互动，通过理论与实践、讲授与讨论、课内与课外、平时成绩与期末成绩、监测与督导等的结合，让学生能自己发现问题、提出问题，并找到解决问题的办法，最大限度地发挥学生的自主性，促进理论知识与实践的有机结合，从而培育学生的创新精神。

（五）及时性

在传统的教学方式中，教师在课堂上具有绝对的权威性，学生处于被动的地位，学生在听课时哪怕有疑问也很难及时向教师反馈信息，学生与学生之间也较少开展沟通与交流，从而导致教师与学生之间、学生与学生之间产生割裂，大大影响了教学效果。而互动式教学给学生提供了一个开放的学习环境，在课堂上借助双向提问、小组讨论、集体回答等方式在师生间、生生间及时进行信息沟通，实现了师生间、生生间零距离互动，使教与学的过程有机结合，从而提高了教学质量。

（六）多样性

1. 真实情境——真实的语言交际环境

教师可以鼓励学生到一些外国游客喜欢去的旅游景点担任义务导游，他们不仅能借此机会与外国游客用英语进行交流，而且还能宣传中国文化。此外，教师还可以邀请一些外国教师给学生上课，或者是举办一些以英语为主题的晚会，既让学生放松了身心，也有助于其英语口语能力的提高。在真情实感的情境中，教师与学生也能更好地互动，学生与学生之间也能增进了解，更重要的是，学生会发现，英语学习其实并不难，这样就能增强其学习英语的自信心了。

2. 模拟的语言交际情境

除了向学生提供一些自然情境之外，教师还可以通过一些手段为学生创设模拟情境。现在是信息社会，以信息技术为支撑的多媒体设备已经开始走进课堂了，教师可以利用多媒体设备为学生创设直观模拟情境，给予学生强烈的感官刺激，让学生通过真实的英语对话音频、视频提升自己的英语能力。此外，教师还可以让学生参与角色扮演活动，这是一种十分有趣的教学形式，在角色扮演的过程中，学生会思考角色的性格特征，因而在用英语表达时他们往往会考虑词汇、语法的应用问题，这样学生的英语应用能力就能得以提高了。

三、互动式教学的优点

互动式教学模式，遵循建构主义学习理论的原则，强调学习主体的主动性与能动性，重视师生、学生之间的协作。这种协作可以表现为多个方面，如在时间上的协作、空间上的协作，甚至在教学途径上的协作等。互动式教学，是一种强调在教学中教师与学生双方交流、沟通、协商、探讨，在彼此平等、彼此倾听、彼此接纳、彼此坦诚的基础上，通过理性说服甚至辩论，实现不同观点碰撞交融，激发教学双方的主动性，拓展创造性思维，以提高教学效果的教学方式。互动式教学与传统教学相比，最大的差异在于一个字——"动"。传统教学，是教师主动——脑动、嘴动、手动，结果学生被动——神静、嘴静、行静，从而演化为灌输式、一言堂，"我打你通，不通也通"。而互动式教学，从根本上改变了这种状况，真正做到"互动"——"教师主动"和"学生主动"彼此交替，双向输入，变成群言堂，"我打你通，你打我通"，奏出和谐乐章。从教育学、心理学角度看，互动式教学有以下四大优点。

（一）体现双主导效应

传统教学，是以教师为主导、以学生为接受主体的教育过程。互动式教学，充分调动学生的积极性、主动性、创造性，教师的权威性、思维方式、联系实际解决问题的能力以及教学的深度、广度、高度——"三维空间"受到挑战，教师的因势利导、传道授业、谋篇布局等"先导"往往会被学生的"超前认知"打破，主导地位在课堂中不时被切换。一个学生的主导问题可能成为课堂教学的主基调。

（二）提高双创新能力

传统教学，仅对书本上的理论知识进行"分组编码"，让学生认知。这虽然是教师的一种创造性劳动，但其教学效果欠佳。大学生独立思考能力强，掌握的知识和信息在某些方面与教师同步甚至超过了教师。教师应不断拓宽所教内容的深度、广度，在课堂教学中不断改进，不断创新。

（三）促进双影响水平

传统教学只注重让教师影响学员，却忽视了学生的作用。互动式教学能使教学双方进行民主平等协调的探讨，教师眼中有学生，在与学生交流中形成心灵的撞击与融合、观念的趋同。教师要尊重学生的心理需要，倾听学生对问题的想法，发现其闪光点，形成共同参与，共同思考，共同协作，共同解决问题，真正产生心理共鸣，观点共振，思维共享，影响共有。

（四）发挥双主动作用

过去教师在台上滔滔然，学生在台下昏昏然。现在教师学员双向交流，或解疑释惑，或明辨是非，学生挑战教师，教师激活学生。

四、互动式教学的类型

互动式教学，作为一种崭新的适应学生心理特点、符合时代潮流的方法，其基本类型在实践中不断发展。严格地说，"教学有法，却无定法"在大学英语教学中可以广泛采用。[1]

---

[1] 高巍. 课堂教学行为观察与评价研究［M］. 武汉：武汉大学出版社，2019：45.

(一) 主题探讨法

任何课堂教学都有主题。主题是互动式教学的"导火线",围绕主题做文章就不会跑题,类似于"主题班会"。其策略一般为抛出主题—提出主题中的问题—思考讨论问题—寻找答案—归纳总结。教师在前两个环节起主导作用,学生在中间两个环节起主导作用,最后教师做主题发言,也可以请学生代表进行主题发言。这种方法主题明确、条理清楚、探讨深入,能够充分调动学生的积极性、创造性;缺点是组织力度大,学生所提的问题具有不可控制性,往往会影响教学进程。

(二) 问题归纳法

先请学生将教学内容在实际生活中的表现以及存在的问题提出来,然后教师运用书本知识来解决上述问题,最后归纳总结所学基本原理及知识。其策略一般为提出问题—掌握知识—解决问题。学生在解决问题中学习新知识,在学习新知识中解决问题。这种方法目的性强,理论联系实际,能快速提高学生解决问题的能力;缺点是问题较单一,知识面较窄,解决问题容易形成思维定式。

(三) 典型案例法

教师运用多媒体等手法将精选个案呈现在学生面前,请学生利用已有知识尝试提出解决方案,肯定正误方案,设置悬念,然后抓住重点、热点做深入分析,最后上升为理论知识。其策略一般为案例解说—尝试解决—设置悬念—理论学习—剖析方案。这种方法直观具体、生动形象、环环入扣、对错分明;缺点是理论性学习不系统、不深刻,典型个案选择难度较大,课堂知识容量较小。

(四) 情景创设法

依靠教师在课堂教学中设置启发性问题,提高学生思维活跃度和创设创造性解决问题的场景。其策略为设置问题—创设情景—搭建平台—激发学生的主动性。这种方法课堂知识容量大,系统性较强,学生思维活跃,趣味性浓;缺点是对教师的教学水平要求高,教师的调控能力要强,对学生的配合程度要求高。

(五) 多维思辨法

把现有定论、解决问题的经验方法提供给学生，让学生通过分析加以完善，还可以有意设置正反两方，在争论中明辨是非，在明辨中寻找最优答案。其策略为解说原理—分析优劣—发展理论。这种方法课堂气氛热烈，分析问题深刻，自由度较大，答案往往没有定论；缺点是要求学生充分掌握基础知识，具有一定的理论水平，要求教师收放要把握得当，对新情况、新问题、新思路要具有极高的分析探索能力。

五、互动式教学的理论基础

(一) 需要动机理论

马斯洛的需要动机理论强调，需要是人行为内部的推动力量，人除了最基本的需求外，还具有不断发展和生长的内在需要。人需要在与他人进行交往和交流的过程中，不断发展自己，这种需要被称为人学习行为的原动力。由于每个学生存在、年龄和个性的差异，他们交流需要的层次也是不同的。但是，每种层次上的需要，都会不同程度地激发学生学习的动机，这种需要有利于创设民主、平等的交流环境，促使学生交换已有的知识经验，使教学过程顺应学生的思路。

基于此认识，在教学过程中，教师就必须重视学生成长与学习的需要，使其由被动变为主动，满足其需要，促进其具备良好的学习动机和兴趣。教学应切实遵循学生的年龄特征和认知的水平与规律，教师应引导学生克服和消除各种心理障碍，以积极的心态和行动来满足因挫折而导致的无法实现的需要。合理的需求是动态的，教师在帮助学生实现现有的合理需求的同时，还要培养学生更高层次的需要，以达成需要的动态平衡，助其不断提高学习需要的自觉性。学生需要的层次越高，参与教学的动机就越强烈，兴趣也会越浓厚，从而表现出一定的能动性和创造性，真正成为学习的主人。

(二) 社会建构主义理论

社会建构主义将知识看作一种社会建构，主要的理由是：语言是知识的基础，而从本质上来看，语言就是一种社会的建构，而与语言关系密切的知识也就同样也可以看作一种社会建构。人类的知识在形成之初具有主观性，而当人类文明发展到一定程度之后，人类知识逐渐演变为社会大众可以接受的客观知识，这种转变正是在社会交往中实现的，所以说知识建构应该是具有社会属性的。

互动式教学的形成与维果茨基（Lev Vygotsky）的心理发展理论有关，具体来说，该理论主要有以下两点为互动式教学所借鉴：第一，语言基本功能是一种社会性功能，它主要是为人们的交际提供服务的；第二，从社会层面上来看，语言读写教学是一种符号中介活动，它处于整个社会中介活动之中。因此，在英语互动式读写教学中，教师发挥了重要作用，他是一种媒介，将自己的社会性角色融入教学中，对学生进行不只语言知识层面的教学，也向学生传递人际交往的维系、社会责任感的确立等其他一些社会性知识。这时，枯燥的理论教学将不再被局限于教材文本之上，社会性的交互作用将在英语课堂上显现出来。需要指出的是，教师在课堂上所发挥的中介作用还应该最大限度地在师生互动中体现出来，一方面培养学生的英语学习思维，另一方面给予学生学习与生活上的支持，无论学生在学习上遇到什么困难，还是对生活产生了困惑，教师都需要及时帮助学生解决。这种交互已经超出了普通语言教学的范围，但它明显具有更现实的意义，有助于将学生培养成全面发展的优秀人才。

第二节　大学英语口语互动式教学的意义

一、互动式教学推动大学英语口语课堂开展

（一）从英语口语课型上来看

大学英语口语教学的主要目的是让母语非英语的学生掌握英语这门交际语言。与以往的教师讲授理论知识的课堂有所不同，英语口语课作为一门重要的语言技能培养课程，在教学过程中，更重视将语言理论知识转化为口语表达技能，即"说"的能力。在"听""说""读""写"四项语言技能训练中，"听"和"读"强调培养学生对理论知识的理解能力。而"说"和"写"则着力于培养学生在理解理论知识的基础上，将输入信息转化为口头表达的能力。就"说"的技能来讲，是指学生能正确理解交际中的话语，在理解的基础上恰当地运用英语，把自己的想法用口头语言表达出来，这是英语口语课的具体教学目标。这就需要学生进行大量的口头训练和实践活动。同时，也要求教师在课堂上，合理恰当地组织课堂语言，在交际中，潜移默化地影响学生。教师还要合理地设计课堂互动，因为语言技能的获得是一个互动的过程，也是师生之间、学生与学生之间相互作用和影响的过程。通过这种互动刺激作用于学生，使他们就此做出言语反馈，把掌握的具体言语表达方法组合起来，逐步内化为口头表达能力，从而使言语交际能力大大提高。由此可见，英语口语课的特点、教学性质和目的，决定了它是最能体现教学互动关系的一门课程，将互动式教学运用到英语口语教学中，具有现实意义。

（二）从英语口语课堂的教学对象来看

从大学生双语习得需要来看，大学生学习英语的关键在于语言环境。口语课在整个大学英语口语教学体系中相当重要。作为一门基础课，它是展示中国社会现实交际生活的一个窗口，也是大学生从课堂学习到现实生活实际运用之间的一座桥梁。对于学生来说，具有强烈的实践应用意义。处于英语学习初级阶段的大学生，由于没有良好的英语环境，在生活中也并不使用英语来进行交际和生活，所以，他们迫切地想提高他们的口语交际能力，希望能够满足现实生活和交际需要。从我们掌握的情况来看，大学生学习英语的目标就是，想尽快掌握英语这种工具，满足他们和外国人交际的需要，并了解国外社会文化。要想让初学者在整个英语学习过程中保持高昂的学习热情，初级阶段至关重要，处于英语初级学习阶段的学生对英语的学习兴趣，不仅关系到他们本阶段的学习，而且与中、高级阶段的学习也有着密切的联系。对于英语初级水平的学习者来说，他们在语音、词汇、语法等方面的积累，以及主动开口说话的胆量，都没有达到可以自由积极发言的程度，更多的是在教师的指导下，被动发言。所以，教师要想让他们在课堂上多说多练，就必须想方设法让课堂活跃起来，课堂互动是必不可少的。只有在初级阶段充分调动起学习者对英语学习的兴趣与热情，才能有效地帮助他们应对更高阶段、更大难度的英语学习活动。

二、有利于促进师生交流

就现阶段的英语口语课堂教学而言，教师与学生存在着一定的沟通误区。一方面，表现为师生沟通机会较少，而且效果不佳，甚至很多学生不会主动地向教师请教。另一方面，由于沟通时间的缩短，口语课堂双方都不能互相理解，久而久之导致学生丧失学习的兴趣。而应用互动式教学模式则可以有效解决这一问题，一来最大限度地拉近师生之间的距离，二来通过改善师生关系，有助于提升学生对知识的掌握程度，势必会为口语教学质量的提升奠定坚实的基础。[1]

---

[1] 肖双金. 情境互动任务驱动型模式在高校英语口语教学中的应用——一个建构主义理论视角[J]. 读与写（教育教学刊），2018，15（2）.

三、有利于改善教学效果

英语口语教学属于语言应用实践范畴，需要学生养成张口表达的习惯。然而很多大学生对于英语口语并不重视，而且在课堂沟通中缺乏与教师的有效沟通。为了更好地提升英语教学效果，帮助学生组织语言，需要教师充分利用互助式教学模式创设相应的教学方案，对学生展开有效教学，营造轻松的课堂氛围，强化学生表达过程中的语法和语感，确保学生在口语教学中获得实效。

四、有利于强化教学管理

在传统教学中，教师与学生之间存在着不对等关系，例如，教师不注重了解学生真实的感受，学生与教师的接触机会相对较少，最主要的是学生对教师存在较大的畏惧心理，为此师生间难以实现像朋友一样展开沟通。针对于此，互助式教学引入之后，教学管理过程更加协调，学生与教师站在了平等的角度，课堂教学也保持了平等的状态，有助于教师按照学生的实际学习情况展开教学，便于学生结合自己的实际学习水平不断改进和完善，进而提升课堂教学效率。①

第三节 互动式教学助力大学英语口语教学

一、大学英语口语互动式教学的原则

大学英语口语互动式教学的原则，是英语口语课堂教学实现师生的多向交往和学生主动发展所依据的准则，反映了主体性和发展性教学理念对教学过程的基本要求。根据语言教学理论及学者对大学英语口语教学规律的总结，结合大学英语口语教学实践，在大学英语口语课堂教学中，除了应该遵循一些公认的原则（如以教师为主导、学生为中心，精讲多练等）之外，互动式教学应用于英语口语中，还要特别突出以下原则。

---

① 陶鑫，崔晗. 输入、输出和互动模式下的大学英语口语教学探究 [J]. 科教导刊（上旬刊），2020（28）.

（一）主体性原则

英语口语互动式教学所遵循的主体性原则，是指在英语口语课堂教学中，教师应当发挥引导作用，采用恰当的互动方式，充分调动学生的积极性和能动性，使学生成为口语课堂的主体。这样，才能让学生更有效地用英语进行互动和交流，从而实现学生发展的社会化和个性化的统一。其次，英语口语互动式教学遵循的主体性原则，还体现为教材必须是开放的，随时代的变化而变化，主动吸收时代的新成果。同时，教材内容必须贴近学生的生活实际，体现学生合作、自主学习的互动特点。教师必须通过一定的互动教学来开阔学生的视野和思维，提高他们的课堂参与度。例如，在课堂互动中，教师经常在提出一个问题后，会让不同的学生回答，或者让学生与学生之间来进行问答、互动训练，尽量让每个学生都有多次口语表达的机会，教师只是起引导作用。又如，教师可以选择适合学生英语水平的话题，将学生分为两组，进行辩论。这样，大部分的时间都是由学生来"说"，教师可以在适当时候给予学生帮助。

通过调查了解英语口语互动式教学的重要性，教师在课堂活动中也十分重视让学生参与到课堂中来，成为课堂的主人，提高学生的参与度和开口率。作为教师，应该积极开发课程资源，了解学生的认知能力、思维状态和情感基础，制定有效的教学方略，尽可能地为学生创设适宜的互动情境，给学生提供自主选择的空间与互动的机会，这样才能让学生融入课堂的氛围，进而提高学生的英语表达能力。

（二）差异性原则

由于大学生在年龄、性别，个体的智力、体力、心境、习惯等方面，存在或多或少的差异，这主要表现在他们的学习目的、学习能力、学习习惯和学习方法等方面。要使每个学生都得到充分主动而又有益的发展，必须遵循差异性的原则。例如，在小组合作的时候，教师需要考虑两个差异因素，一个是国别，一个是英语水平。从国别上来看，一个小组尽量由不同国家的成员组成。在大学英语口语教学课堂观察中发现，将来自不同国家的学生分为一组，有利于促进他们的英语学习。因为他们的母语不同，所以在合作学习的过程中，大学生想让对方理解自己的想法，迫于这样的需求，他们更希望用英语来进行交际。如果是同一国家的学生分为一组，当他们用英语交流产生障碍时，就必然会用到母语，这样不利于他们的英语学习。由此可见，将不同国家的大学生分为一组，可以促进他们的英语学习。另外，在分组过程中，还应该注意将英语水平相当的学生分为一组。如果双方英语水平差距大，水平差的一方会有一定压力，并产生焦虑和自卑感，从而不愿开口，水平高的一方会失去参加合作学习的兴趣。所以把英语水平相当的同学分为同组，教师可以设定不同要求。

总的来说，英语口语互动式教学应该遵循尊重差异、肯定差异的观念，区别对待学生，因材施教。尽量让每一个学习者都能够更好、更快地适应课堂。英语口语教师应该观察他们的学习特点和学习习惯，在课堂互动中进行合理的安排，使存在各种差异的学生，能够获得与其特点相适应的发展。

（三）趣味性原则

兴趣是最好的老师，[①] 只有激发起学生在初级阶段对英语的学习兴趣，才有可能使其在整个英语学习过程中保持高昂的学习热情。初级阶段学生对英语的学习兴趣，不仅关系到他们本阶段的学习，而且与中、高级阶段的学习有着密切的联系。只有在初级阶段使学生对学习英语产生了兴趣和热情，才能使他们更好、更快地进入中、高级阶段的学习，应对在中、高级阶段学习中遇到的困难。

学生喜欢英语口语课，主要原因在于他们喜欢轻松、愉快的课堂，幽默且与学生交流频繁的老师，以及能够获得他们所需的知识。所以培养学生的兴趣，应该考虑这三个因素，而这三个因素并不是孤立存在的。对于英语初级水平的学习者来说，他们的语音、词汇、语法等的积累，以及主动开口说话的胆量，都没有达到可以自由积极发言的程度，更多情况下是在教师的指导下被动发言。所以，作为教师，既要做"编剧"，为学生选择合适的练习语料；又要做"导演"，合理地指导学生说话；同时还要做"演员"，在学生练习时做恰当的配合。教师可以用有趣的国外故事吸引学生，利用多媒体技术展示西方文化等，让他们尽可能地收获更多的课外知识。同时，教师还可以用灵活的方法指导课堂教学。比如，通过各种游戏、情境等，创建轻松、愉快的课堂氛围，让学生在课堂中学到语言知识点，以提高英语口语表达能力。另外，教师还可以用简单幽默的语言，如讲笑话、开玩笑等，拉近师生之间的距离，建立良好的师生关系。学生感兴趣了，自然愿意积极主动地开口说话，口语课的教学目的也就达成了，倘若学生对此没有兴趣，开口说话的积极性小，自然就练习得少，特别是初级阶段的有些学生甚至会选择沉默，那么"沉默"的口语课自然也就名不符实了。

因此，在英语口语课堂上，教师通过互动式教学，可以尽可能地激发起学

[①] 王翠，朱凌奕，苑广滨. 英语语言学理论与教学实践［M］. 长春：吉林人民出版社，2021：62.

生的学习兴趣和学习的主观能动性，使学生在交际环境中主动地用英语表达自己的想法和观点，从而提高口语水平。

（四）交际性原则

"语言是人类最重要的交际工具。"① 大学英语口语教学主要是培养学习者的英语交际能力。大部分英语学习者在听、说、读、写、译五种能力中，最看重"说"的能力。可以看出，在大学英语口语教学中，培养学生的言语交际技能，尤为重要。语言学习的最终目的是进行言语交际，而交际的方式就是互动。英语学习者掌握语言主要是通过交际，他们的语言系统主要是通过有目的的交际发展起来的。教师应当运用一些恰当的互动方式，比如创造语境，给学生以交际的真实感，以免学生最终学到"教师语言"或"课堂语言"。例如，教师在创设互动式情境时，通常会利用多媒体辅助教学手段展现会话情境，或老师自己创设交际情境，然后提供可供学生模仿的句型。

因此，互动设计时，应该遵循交际性原则。所设计的互动尽可能让师生或生生之间合作交流完成，在交际中动口、动手、动脑，形成交互的思维网络，以此达到提高英语学习者的英语水平和开拓学生创造思维的效果。

二、互动协同下大学英语口语教学的表现形式

（一）戏剧表演

戏剧表演是口语练习的最佳途径和突破口，鉴于近年来美剧和影视的普及，一直受到大学生的喜爱。在互助式教学模式当中，教师可以借助美式戏剧表演的优势和精髓，精心搜索简单易学的经典片段，选取学生喜闻乐见且呼声较高的美剧，势必提高学生的学习兴趣。通过截取其中的经典片段和精髓教学素材，将其分享给学生，针对特定情节进行互动活动，让学生在口语课堂进行集中性的模仿和练习。当然在戏剧表演口语教学过程中，课前需做好分组练习，便于学生把握自身角色，同时在前期做好充足的准备工作，以期达到协同效应的峰值。此外，模仿表演练习结束之后，教师还可以将原视频进行回播，这样的好处在于让学生在强烈的情感代入下，一来更加明确自身的不足和缺陷，二来可以从优秀的同学中得到借鉴和启迪，在纠正自身语音语调的同时，通过不断排练和反思，给学生带来了至强的协同效应，实现对影视作品的深入理解，从而达到语音语调高度协同的效应，获取置身其境的口语表达效果，这

---

① 李孝娴，雷曦，倪广妍. 语言学概论［M］. 武汉：武汉大学出版社，2021：10.

也符合情境深切趋同的要求。

（二）歌曲演唱

欧美流行乐虽然不是流行乐坛的主宰，但是也占据着举足轻重的地位，很多英语专业的学生对于欧美流行乐十分热衷。针对这一特点，如何抓住学生的心理特征和学习习惯，选择最为适宜的欧美流行音乐曲目显得至关重要。由于欧美流行乐迎合大学生心理特点，而且很多歌曲十分经典，且广为大学生知晓。特别是基于其耗时量少、词精意切的优势，将其应用于英语口语课堂中，不仅能够带给学生极大的冲击感，而且满足学生的个性化学习需求，最为重要的是能够从所选取的欧美流行音乐曲目中，让学生学会关于发音声调、遣词造句方面的精髓。迎合大学生心理特点，利用口语与歌曲的协调效应，学生的发音水平将会得到快速的提高。在与全班同学共同赏析和欣赏的过程中，完成语用层面的协同。

（三）现场游戏

大学生虽然已处于成年阶段，但是由于涉世未深，而且长期处于校园生活中，一直都保持着一颗童心，这一点在大学生中是相当普遍的。处于本科阶段的大学生生性活泼，对于游戏会有一种不可抗拒感。基于此，结合学生的心理特点，组织形式多样、内涵丰富的现场游戏教学就可以起到积极的效果。当然游戏教学组织要以协同互助教学为核心，毕竟游戏是多元化参与的产物，只有学生在参与中共同专注体验，才会促使不同层面与程度的协同接连发生。为此教师要改变传统的教育理念，结合口语教学的课程目标，与时俱进、因地制宜地创设与教学相关的游戏项目，在富有创意的互动形式下，结合学生语法、语用，使之产生多层面协同效应，让学生在高密度的交流中获益良多。

三、大学英语口语互动教学的操作程序

（一）确定目标与问题引路

教师要摒弃传统教学中开口就讲的习惯，把课堂的第一个环节设为确定学习目标，让学生明确所学内容与标准，引导其思维，促其产生求知欲望和达成目标的心理倾向，调动其学习的主动性与自觉性。只有凭借教学目标，才能利用教材中原有的知识，以新旧知识之间的联系或冲突，引发学生的求知欲望，从而围绕目标实现有效互动。但不要做平铺直叙的目标讲解，最好在教学情境中引导学生自己生成，在此过程中，激发其学习兴趣，促使其产生强大内驱

力，使其主动学习与探索。课堂中能引导学生的问题，往往产生于学生不易理解、较为陌生的概念与知识中，如果他们感觉不到问题的存在，学习过程就只能停留在表层或流于形式。课堂口语互动教学模式，需要采用有效的问题来引发学生思路、学习动机和行为。问题应具有启发性、思考性和挑战性，既能激发其好奇心与兴趣，又要具有发散性，能够拓宽其视野和知识面，难度适中，既要超越学生已有水平，又不能过于有难度，避免打消其积极性，关键是问题的指向要明确，与教学目标吻合，学生能通过思考进行质疑和交流，拥有丰富的学习体验，教师应注意抓住时机，紧扣思维焦点，促使学生多角度、多层面地思考问题。

(二) 情境呈现与操练体验

情境呈现是学生感受新知的重要环节，是教师引导其感知语言和习得知识的黄金阶段。情境是外语教学的核心，是整体输入与输出的载体。情境中大量的语言知识需要学生理解并整体把握。语言只有在情境中才能得到理解，获得体验和运用的机会。而课堂互动在情境中才能实现。创设真实的情境有利于培养学生的理解力，让学生能感觉到所学知识就在日常生活中，在自己身边。用情境教学法营造一个良好的语言学习环境，会使所学语言有一定的生命力，而不是单纯为学语言知识而教语言。创造适合该语言的语言环境，才能使学生理解何时何地运用更加合适，形成良好的迁移策略。操作体验是学生互动交流中的主要环节，使系统升级学生所学新知，在反复操练中内化为自己的东西，此环节需通过相对独立又层层深入的活动引导学生参与、实践、体验。在此过程中，学生反复理解操练知识点，是学生从不会到掌握的学习语言的过程，教师应设计多种形式的活动，保证其既有趣味性，又有训练价值，此过程其实也是学生机械记忆语言和训练语言的过程，是语言学习的必需阶段。

(三) 思考探索与质疑问难

教育就是教人思维。所以，在传授语言知识与技能的同时，一定要关注学生思维能力的培养。学会思考和探索，学会用自己的思维去获得知识。教师应采用启发引导和指导点拨的方法，使学生在参与中，对一些抽象而难于理解的问题进行独立思考、主动探索和自由表达，激发学生思考和探索的兴趣与愿望，促进教学的动态生成，使课堂充满活力。但在引导学生思考与探索的过程中，应给予其充足的思考空间，引导其思路，传授相应的策略，指导灵活的方法，使其掌握知识之间的内在联系、逻辑关系，并鼓励学生敢于向教师问难，向教材质疑，唤起学生心中的疑问，促其产生认知冲突，产生求索志向和动机，形成独到的见解，不断培养其独立思考与自主探索的精神。

（四）组内讨论与组际交流

组内讨论是一种有纪律的协调对话。在讨论前，首先应根据学生的基础和实际情况来确定适合的主题，能引起其兴趣的话题，才能引发其深入思考，所以教师应关注讨论话题的有效性，多给学生提供一些相关背景知识和资料，并督促其独立搜集和查询。而在讨论过程中，师生都要紧扣主题，相互启发，可通过提问、争辩和演说等形式，充分激发彼此思维，尽情发表个人观点，从而形成对文本知识的多元化理解和对知识意义的多样性建构。组际交流是小组讨论的延伸。这种交流形式可以选出优秀代表，使其在教师的启发与点拨下，充分展示小组内通过自主学习所获得的知识建构成果，发展学生思维的灵活性、广阔性、深刻性和创造性。教师需要注意的是，不要心存顾虑而越俎代庖，要大胆放手，善于倾听，以便了解到学生的真实体验与知识掌握情况，不轻易打断他们的思路和发言，不要做过高要求。对于有个性的学生，教师应该鼓励表扬，让学生充分享受学习的乐趣。

（五）及时评价与总结反馈

在学生参与互动的过程中，教师应本着及时评价、鼓励为主的原则，表扬其积极参与的态度，独立自主的意识，独特的观点和个性化的表述，肯定其大胆的创造性的劳动成果，用欣赏、尊重、理解和宽容的眼光对待学生，给学生一种成就感和幸福感，同时要注意评价方式的多样性，可由学生自评，教师评价和学生互评，可以对每个目标的达成做出总结，这不仅是此环节的终点，也是下一个循环的起点。如果缺少总结，课堂就会显得散漫。总结的目的是对所学的知识进行概括和归纳，使教学内容作为一个有机的知识体系输入学生的认知结构中。课堂总结要本着突出重难点，找到知识的逻辑联系和内在结构为原则，重点培养学生的归纳总结能力，精要的小结可以使学生带着满足于继续探索的心绪走出课堂，保持并延续学习热情，从而产生新的学习动机。评价鼓励性的总结可以肯定学生的学习态度、思想状况和行为表现，充分调动其学习积极性。

四、互动式教学在大学英语口语课堂教学中的设计思路

口语课程教学是大学英语专业的核心课程，在整个英语学习当中占据着至关重要的地位。无论学生未来从事何种专业，或者在哪种岗位上立足，良好的口语都是展现自我综合素养的有效要素。通过娴熟、流畅、正确的口语技能展示，不仅可以提升毕业生的求职信心，而且有了良好的口语基础，也能够为大学生日后的专项业务提升提供坚实的储备。如何让教学水平合理发挥效果，便于学生自主进入互动模式中，这还需要教师基于学情和不同专业的不同学生特点，创设不同背景的教学流程和规划，确保学生能够通过互动教学的内容提升自我，为今后从事理想的工作岗位增添砝码。[1] 接下来就实施互动式教学的设计思路展开如下分析。

（一）模拟面试场景互动设计

在就业岗位面试和求职过程展现的过程中，学生的自我展现能力素养极为关键。试想一个学识渊博、知识储备丰富的学生，如果在口语表达方面较差，就很难在短暂的面试过程中占据头筹。从学生长远角度考虑，教师应秉承就业服务的理念，在课堂互助式教学中加强关于模拟面试场景互动设计，让学生预先掌握口语沟通和学习的技巧，同时明晰自身不足和缺陷，以期在今后的学习过程中不断改进和完善。首先，营造教师为"面试官"的教学情境，此时全体学生都可以成为"面试者"。其次，在面试环节中，要求学生能够用流利的口语进行全程交流，同时正确地回答考官设置的一系列问题。通过面试互动交互过程，学生可以掌握问题的回答方法和技巧，而且可以结合面试的问题，便于日后准备和应答。最后，在互动式交流的辅助作用下，学生会逐渐领悟巧妙回答"面试官"提问的要点，而且在互动式交流中，可以循序渐进地提高自己的口语水平。

（二）描述单词游戏互动设计

无论是基础年级的英语学习，还是普通高等院校的英语学习，单词都是英语学习的核心基础。只有学生掌握了大量的词汇量，才可以在口语学习中得心应手，甚至平步青云。然而关键点在于学生对于单词学习具有一定的抵触心理。从小学、初中、高中，直至到大学阶段，学生一直处于重复性记忆单词的阶段，很多学生对于单词可能记忆得很快，同时忘却得也十分迅速。[2] 鉴于单词在口语学习当中的重要性，结合大学生单词记忆的弱点和误区，教师应该有针对性地对提升单词记忆进行教学设计，确保学生在扎实记忆单词的基础上，能灵活自如地应用和表达，确保使用过程中准确无误。游戏是人的天性，大学

---

[1] 陈菲菲. 人本观下基于手机 APP 的大学英语互动式教学模式研究［J］. 海外英语，2020（3）.
[2] 欧咏华. "互联网+"时代多维互动教学模式在大学英语口语教学中的应用研究［J］. 海外英语，2019（12）.

生对于游戏教学会有着更深的理解和认知。为此在互动式教学过程中，可以加强对描述单词游戏互动设计，让学生在学习标准发音的基础上，明确各自发音存在的不足，这能够满足学生口语表达的愿望。例如，可以采取击鼓传花的方式，抓住该单词独一无二的特点，将单词进行传递。当然需要运用口语对该单词进行概要式的特征描述，以此类推，让学生根据描述进行猜测和传达，最终将不同小组的准确率进行考核比对，评出最佳团队。上述过程的目的并不是以最终结果为评判标准，最重要的是让学生全程参与。一来好玩有趣，学生互动性的热点被点燃，相互间的求胜欲望也被激起；二来在同学共同配合下，学生口语表达的愿望得到满足，而且专注力集中，口语锻炼更为高效。

（三）话题辩论互动设计

大学生口语提升行之有效的方法便是英语辩论，通过英语辩论技能展现学生的综合实力，能够发挥学生多样性和发散性思维优势，最主要的是在英语辩论的过程中，课堂氛围浓厚，学生可以将所学知识以及所蕴藏的知识储备通过口语进行表达，呈现自我观点的阐述以及对对方观点的反驳，久而久之，学生学习主动性势必会得到全面的提升，培养学生勇敢、自信地表达观点的同时，而且会提升口语的准备性和专注性。如果学生口语表达出现用词不准、逻辑不清晰的现象，会导致在辩论中处于弱势，同时会对团队产生不利的影响。在辩论中获得优胜的团队，组内成员口语热情得到了进一步的激发，会对日后的练习产生积极的帮助。而失败的团队，学生会从辩论中总结经验，明确自身不足之处，并充分借鉴优秀学员的闪光点，为接下来的巩固、积累奠定坚实基础，使学生的口语水平得到更进一步提升。

（四）小组讨论互动设计

学起于思，思起于疑，疑解于问。[①] 在大学英语口语教学中，需要教师开展因人施策的教学设计，做好引导互动、加强指导。如何做到这一点，需要加强教师小组讨论互动设计。一方面，在实际教学过程中，采取丰富多样、积极互动的教学理念，启迪学生的智慧，设计相应的教学问题，提升学生的课堂参与程度，帮助全体学生获得提升。另一方面，通过小组教学的方式，展示本节课堂的教学目标。根据文章的内容更好地挖掘学生潜能，帮助学生提升口语表达水平。最后，围绕某一主题展开，向该学生进行提问，实现课内教学向课外教学的有效延伸。

---

① 金建芳. 为思维而教 [M]. 上海：上海文汇出版社，2022：484.

总之，近年来随着大学英语口语教学改革的深入开展，采用互动式的教学方式已经取得了阶段性成果，增强了学生的自主学习能力，基本实现了"寓教于乐"的学习效果。在机遇和挑战面前，互助式口语教学改革还需要与时俱进、迎难而上，及时总结教学中存在的问题，进一步加强完善与改进互动式教学法，采用多维互动的教学模式，给学生创造更多的互动机会。通过构建更加高效的英语教学课堂，充分地开发学生的英语潜能，强化英语口语运用技巧，力促大学生英语口语水平显著提升。

五、互动式教学对大学英语口语教学的启示

（一）合理设计教学目标并精心设计问题

英语课堂教学过程中的各种形式的口语互动，都是以教师的启动为基础的。尤其是在新课讲授前，教师必须对学生进行适当的引导，包括向学生介绍有关知识并提出教学要求，为扫清学习新知识的障碍，提供丰富的感性材料，加深学生的理解打下良好的基础。在教学过程中，为了激发学生思考，通常要提出一些问题。因此，教师首先要充分掌握教材和了解学生，精心设计要提问的问题。这些问题，要紧紧围绕教学目的，体现教材的重点与难点，既要让学生知道"是什么"，又要使其明白"为什么"。问题的设计要紧密关联，由浅入深，有助于引导学生自然融入课堂。同时，要为学生营造良好的语言环境和提供充足的语言实践和语言交际的机会。教师的启动可以在课前，也可以在课后，以此来引导学生进入良好的准备状态，激发其学习兴趣，使其产生求知欲望，并根据学生心理、生理上的特点，制定切实可行的教学目标，帮助学生明确学习的方法和要求，使其在交流中感悟新课，为互动讨论做好充分准备。

（二）准确评价反馈并及时表扬鼓励

要使教学过程的互动有效，就必须关注学生的过程性评价，肯定他们在学习中的每一次进步和收获。在交流互动的过程中，通过适当的点评，肯定学生的点滴进步，鼓励学生自信地表达。并消除学生的恐惧、害羞心理，从而帮助他们提高自信心。此外，还要实实在在地营造出一种平等、尊重、理解、宽容、和谐、愉快的学习氛围，让课堂成为学生自主学习的乐园。只有真正让学生感到自己是学习的主人，才能促使其在课堂上畅所欲言、自由发挥，从而满足他们的求知欲望。

（三）充分利用小组合作并提供有效平台

要使学生乐于在课堂上互动，就要营造民主和谐的教学氛围。充分利用小组活动，让学生在小组合作中感受自由平等的语言环境，加强小组成员间及组际间的交流，为其提供平等的机会和公平良好的竞争机制，促其在合作交流中友好互动。同时，教师要更新观念，努力建构新型的师生关系。教师的每一个亲切的称呼、一份期待的目光，一个关切的手势和充满爱意的微笑，都可以在无形之中缩短师生之间生理和心理上的距离，教师和他们一同去学习、探索，会让学生觉得教师就是他们的朋友，是学习的合作者、好帮手。这样，他们就会无所顾忌地表达自己的意见，敢于回答教师提出的问题。

（四）灵活调控课堂并适时给予点拨

在教学过程中，教师通常习惯都是通过问题纽带将师生联系起来，产生互动。教师在期待学生准确、迅速、完整地回答出问题的时候，要关注到学生水平的差异性，当部分学生的思维或语言产生障碍时，教师应当冷静面对，运用灵活的教学机制，采用精练恰当的语言进行点拨，力求语气委婉，真正帮助学生突破障碍，促其思维进程加快，语言表达流畅。另外，也可以利用体态语言进行点拨，一个清晰的手势、赞许的眼神和鼓励期待的目光，学生就不会紧张而不知所措，从而信心大增，体会到成功的喜悦，增添学习的乐趣。同时，教师还要引导学生学会质疑。学生由疑而问，是一个主动学习、积极思维的过程，不善于质疑问难的人，通常学习态度懒散，知识面狭窄，相反却是思维活跃，解决问题能力强。在课堂上，教师应满腔热情地激发学生质疑的积极性，要经常提倡鼓励，在课堂上创造善于质疑的良好氛围，使每一个学生都动起来，真正成为学习的主人。

第四章　大学英语口语教学与语境、情感教学

随着经济全球化的发展，英语能力已经成为评价高素质人才的一个基本标准，也是用人单位选拔人才的准则，而口语交际能力是其重要的组成部分。所以，大学英语口语教学越来越受到教育者的重视，要想培养出适应社会需求的外语人才，需要对英语口语教学进行适当调整和改革，使其能够适应社会对人才的需求。语境构建和情感教学为大学英语口语教学提供了全新的思想基础和理论支持。本章主要对大学英语口语教学与语境构建、情感教学进行了论述。

第一节　大学英语口语教学与语境构建

一、语境的含义

在语用学中，语境属于极为重要的组成部分，在语言的使用过程中，语境不单纯被定为某个段落的一处位置，也就是对上下文进行联系，因为这种定义无法将语境解释语言的作用充分体现出来。在使用语言时，交流过程中是无法脱离客观背景、客观条件的，必须在特定的人物、特定空间、特定情况、特定时间才能够发生。[1] 所以想要对语境的含义以及语句的定义进行更加准确的解释，就需要在语言中纳入上述客观条件，许多语言学家在对语言进行研究时，试图通过不一样的视角进行探讨。语境可以分为两种，即语言语境与非语言语境，其中语言语境包含语言规则与上下文知识，非语言语境包含交流者自身的情境知识、交流背景以及实践知识。在理解语境范围以及分类时，不同语言学

---

[1] 王颖，陈蓓. 高质量发展语境下提高"大学英语"课程思政实效性的方法——基于WSR方法论［J］. 南通职业大学学报，2021，35（4）.

家的观点也存在不同，比如可以将语境分为语言内知识与语言外知识，其中语言外知识包括交流双方的背景知识、情景知识以及联系等，双方之间的联系包括交流双方的关系、地位、角色扮演等，而情景知识是指交流双方的交流地点、交流主题以及交流时间等，而背景知识是指交流者对客观世界的具体认知。

语境大致可以分为三种类型，即语言语境、社会语境以及物理语境，其中物理语境是指交流之前的事件、交流的发生地点；语言语境是指交流者在交流开始前说的话；社会语境是指交流者相互直接的社会关系与地位等。[①]

二、大学英语口语教学语境构建的形式

语境构建过程就是通过语言输入输出进行信息加工处理的过程。语境构建可以使学生熟练掌握语言技巧和语言特点，意义构建方式可以使学生获得相关的知识，而知识获取的多少也取决于学生的自身实践。语境构建是以建构主义为理论基础，在英语口语教学过程中更注重学生的主体地位，真正做到以人为本，通过对学习环境的构建达到高效的资源利用率，使学生通过学习最终完成意义建构，获得相应的语言知识，有利于培养学生的自主学习能力和思维能力，使学生在实践参与中不断提升自己的英语口语能力。

（一）英语口语教学中的情境教学语境构建

情境教学是指教师根据主题为学生创设情境，使学生置身于真实情境下，通过亲身体验完成学习任务。口语练习需要一定外部环境条件支持，通过情境教学的预设语境可以激发学生的主观能动性，充分地挖掘学生的潜力，同时可以培养学生独立分析英语实际问题和解决问题的能力，是一种以构建理论为基础的任务型教学。在通过情境教学构建语境时学生要将课堂教学内容与学生兴趣相结合，在制订教学计划时要考虑到知识性和实效性，并能够利用多媒体以及相关口语课件来激发学生的学习兴趣。老师可以以视频、音频材料等手段来设置特定情境，然后组织学生进行讨论，允许学生进行个性化创新，使学生能够积极主动地从所构建的新语境中获得有用知识和信息，并以自己的方式输出加工后的信息。要想有效地提高学生的口语交际能力，单纯地依靠课堂语境构建还远远不够，需要通过课外活动来延伸口语教学。可以由教师为学生设定情境主题，让学生利用课余时间去搜集相关资料，然后让学生以口语表演的形式

---

① 郭晓英，杨晓春，李昌盛. 新时代中国文化"走出去"战略语境下大学英语教材体系的构建[J]. 教育教学论坛，2020（26）.

来展示自己的学习成果，这样不仅能够提高课堂教学效率，还能够让学生主动地利用课余时间去探索、学习和练习，同时还有利于培养学生的自主学习意识。

（二）英语口语教学中的协作学习语境构建

英语口语知识的复杂性和多面性的特点使学生通过不断实践和积累才能对知识进行全面的理解和掌握。在情境实践中通常会遇到需要学生独立解决的问题，但由于学生的能力和水平有限，需要通过他人和老师的协助以讨论的形式，对新的信息进行分析和处理，最终探索出问题的答案以完成情境任务，这个协助的过程即为协作学习。协作学习在英语口语语境构建中起到十分重要的作用。教师可以通过分组协作的形式让学生以口头交流练习的方式完成教学或课外任务，小组成员通过相互学习、互相帮助营造良好的口语学习环境，最终完成教学任务，实现组内成员的共同进步。

（三）英语口语教学中的会话语境构建

会话属于协作过程中的一个重要环节，需要小组成员通过会话讨论的形式自己制订计划来完成任务，需要小组成员共同完成，会话的过程就是语境构建的过程，语境意义会随着会话内容的变化而变化，使学习者能够了解到更全面、丰富的口语知识。由此可见，会话是语境构建的一个重要因素。

（四）英语口语教学中的意义建构语境

意义建构是对过学习内容所反映的规律、性质和与其他事物间内在联系的理解程度的表现，通过长期积累形成一定的知识结构，是学习者建构知识结构的过程。需要学生通过经常性的口语学习和练习，才能形成完善的认知结构，从而提高自身的口语交际能力和应用能力，这也是一种行之有效的口语语境建构手段，能够起到激发学生学习动机的作用。

三、大学英语口语教学语境构建的意义

（一）为口语教学目标的实现提供了可能

传统的大学英语口语教学方式因其教学模式落后而难以保证达到预期的口语教学目的。结合语境的大学英语口语教学，充分利用多媒体等有效资源，创设真实情境，使学生置身于纯粹的英语交流环境中。真实的语境氛围能使学生克服害羞心理，勇于交流，这就为口语教学目标的实现提供了可能。

(一) 能够有效促进英语口语教学活动的互动性

教学活动从本质上来讲应该是一种具有较强实践性的交际活动，是教师与学生双方不断互动交际的过程，英语口语的这种双向交际性则表现得更强。而口语课堂教学中则存在着多种语境环境，包括课堂具体的口语交际情境以及口语教学中所包含的隐藏在情境背后的文化环境等，这些语境因素从不同的方面制约着学生与教师的口语交际行为和所要实现的交际目标，同时也制约着英语口语课堂教学目标的实现。口语教学的目的在于通过师生之间或者是生生之间的不断互动，以构建学生的内在应用英语进行交际的能力，在这个构建的过程中，语境是最主要的制约因素，所以通过语境理论的指导，将有效促进课堂上口语交际活动的顺利进行，保证英语口语教学的互动性。

(三) 颠覆传统教学模式，注重学生的语言表达能力

结合语境的大学英语口语教学模式是对传统口语教学模式的一次彻底颠覆。教学内容不再使用模板化的对话模式，而是应时应景随时变化。学生会更加主动地思考表达方法，改善并充实表达内容。长此以往，学生的语言表达能力会得到显著提升。

四、大学英语口语教学语境构建的策略

(一) 利用多媒体创设情景语境和文化语境

与传统的口语课堂相比，现代大学英语口语教学更强调多媒体在教学过程中的应用，以多模态的形式直观地呈现与课文主题相关的内容，能够有效地创设情景语境和文化语境，让学生自然地融入口语教学中，同时调动学生的学习积极性和主动性。

在英语口语教学的过程中，教师可以利用多媒体为学生播放《生活大爆炸》《老友记》等经典情景剧的片段，这些情景剧不仅呈现了真实的交际情景，而且为学生提供了语言输入与输出的示范，如发音、语调等，这种呈现方式比书本刻板的讲解要有趣得多、生动得多。在创设情境的同时，教师作为课堂的主导，也要为学生提供一些必要的语言输出材料，辅助学生完成口语课堂中的练习和任务。充分利用多媒体不仅能够创设语言学习的情景语境和文化语境，扩大学生的语言知识输入量，还能有效地吸引学生的注意力，进而强化大学英语口语教学的效果。

(二) 利用任务型教学营造输出语境

任务型教学 (Task-based Language Teaching) 是指教师通过引导语言学习者在课堂上完成任务来进行的教学,这是 20 世纪 80 年代兴起的一种强调"在做中学"(learning by doing) 的语言教学方法。就英语口语教学而言,在课堂中利用任务型教学可以使学生对教师的要求更加了解,学习的目的也更加明确。任务可以分成三个步骤,即前任务、任务循环流程和语言聚焦。前任务主要是教师呈现任务的过程,让学生明确自己会在任务的驱动下学习语言知识和进行技能训练。任务循环流程是任务型教学的核心部分,主要是学生执行任务及报告任务完成情况的过程。语言聚焦主要是学生在教师的指导下对任务完成情况进行分析与语言难点操练。

教师可以在口语教学中利用任务型教学给学生设置不同的任务,例如要求学生在课前查阅资料并收集相关话题语料,在课堂教学中设置场景并引导学生进行有效的课堂操练。作为语境化的教学模式,任务型教学更容易帮助学生内化语言,同时注重语言和情景的真实性,营造良好的语言输出环境。

(三) 利用学习共同体巩固语境化输出效果

学校班级学习共同体是由教师和学生共同构成的,他们彼此之间经常在学习过程中进行沟通、交流,分享各种学习资源,共同完成一定的学习任务,因而在成员之间形成了相互影响、相互促进的人际联系。

构建班级学习共同体,将班级学生合理地分成若干个学习小组,组织学生合作完成小组任务,明确所有小组成员的角色与责任,鼓励小组成员之间的言语交流与资料分享,保证小组成员都享有探索语言形式、进行言语交际的权利。与此同时,教师对学习共同体的任务完成情况及时地给出客观的评价。在小组学习的过程中,学生的学习环境较为轻松,这有利于强化学生语言输出的效果。班级学习共同体的构建不仅能够浓厚大学英语口语学习氛围,更重要的是它能够巩固语境化输出的效果。

(四) 熟悉语言环境

口语属于"编码"过程,听力属于"解码"过程,在该过程中,包含词汇、语音、语法以及背景等知识,语言语境是指词、短语、句子、段落之前或者之后的直接语境,是能够帮助确定词、短语、句子在文本中的实际含义,通过语言语境的运用能够促进学生的口语能力,具体包括词汇、语法结构的理解以及语音的辨析等。传统的大学英语口语训练主要是基于课本的内容,比如口语交际、阅读文章等，且英语话题对学生来说具有一定的抽象性，与学生的生活距离较远，学生在学习的过程中，容易出现厌烦心理，丧失对英语口语的兴趣，导致学生的口语能力只能处于"书本英语口语"的阶段。因此，教师应当帮助学生构建语言环境，通过提升学生的学习兴趣来促进学生的全面发展。情境教学是英语口语教学融入语境的重要途径，大学英语教师在进行口语教学的过程中，应创造一个语境，如咖啡馆、宾馆、机场等，让学生以角色扮演的形式，了解在这些特定场景中如何进行交流，提升学生对英语口语的实践能力。必要时，教师还可以借助各种剧本对话作为情境教学的口语范文，这样能够激发学生的学习兴趣，从而最大限度地提升学生口语训练课堂的参与程度。教师在进行英语口语训练时，可以将一些经典的对话作为口语训练的范文，让学生在这些语境中进行沉浸式训练。在口语练习结束后，教师可以请一两个学生对其做出相应的评价，其评价内容包括语速、发音、语调以及体态语等，这样不仅能够对学生的口语训练效果进行检查，同时还能够有效纠正学生口语交际的错误。最后教师对其进行总结，根据真实语境来评价学生的长处与短处，在评价过程中，态度需要民主、和蔼，以表扬、鼓励为主，批评时应当尽可能委婉，或者通过暗示的方法让学生自己进行纠正，评价时不能够损害学生自尊，尽可能做到公正真诚，同时对学生的创新精神予以保护，使得学生能够提高学习兴趣与热情，从而更快熟悉语言环境。

（五）认识到会话的重要性

因为英语是一门语言，其教学的最终目的就在于让学生可以利用英语进行会话交流，所以要将会话渗透到各种教学活动之中，要使会话成为教学不可缺少的环节。可以通过分组让学生通过会话讨论学习计划和学习方案，使每个学生都有参与的机会，在组内要融合所有成员的思维成果，在教学过程中让学生通过相互学习最终取得共同进步，要使会话成为意义建构的重要手段。教师要能够通过会话过程完成语境构建，引导学生通过会话内容的变化达到内涵的重新构建，使学生对知识理解更加透彻，要使学生成为语境构建的主体，在语境构建中不断提升自身的英语口语水平。

（六）创设原声电影语境

英语原声电影包含语音、图像、英文字幕，是一种非常重要的英语资源，广泛应用于英语课堂内外，能够为学生营造良好的语境。学生进行口语表达需要借助英文文本，原声电影的字幕是很好的文本，电影取材于生活，文本内容生活化，易于理解，学生记忆一些台词将其应用到生活中与同学交流，有助于提高口语表达。英语原声电影都是标准语音，比如《西雅图不眠夜》《诺丁山》等，这两部电影的主人公都是公认的英语发音较标准的演员，学生观看这些原声电影能接触到纯正发音。教师在开展教学过程中，应以学生的英语高考成绩、期末考成绩作为参考，将一个班的学生（人数≥50）分为7~8组，让学生自己进行角色分配，发散学生的思维，让其进行口语训练。例如，教师可以将《泰坦尼克号》作为一节口语训练课堂的主体，让学生通过合作，查询《泰坦尼克号》中的经典句子和对话，并了解这些语句在特定环境下的深层含义。最后在课堂上进行分享交流，或者根据剧情对白，锻炼口语表达能力，每一组同学选择的片段不用太长，一两分钟就可以。有的学生英语表达能力较弱，教师应该不断鼓励，并引导能力弱的学生从简单的句子开始；有的学生记录台词也需要教师提供指导，教师带领学生朗读，能够营造真实标准的英语语境，帮助学生提高英语听说能力。而且原声电影直观地向学生展示西方国家的生活方式、社会习俗、礼仪和价值观等，学生观看这些影片，仿佛真正来到交际场景，感受西方生活，培养文化意识，提高跨文化交际能力。①

（七）学习文化语境

语言与文化有着密切联系，如果学生缺乏足够的目的语、母语的文化背景知识，则很难提高口语交际能力。在口语教学过程中，生活是最好的场所，汉语是我国母语，而英语是西方国家的母语，我国学生在生长过程中，接触的都是汉语交流的家庭，所以缺乏足够良好的英语学习环境，学生无法用英语进行自由对话，难以对西方国家文化氛围产生切实感受。所以在教学过程中，教师需要运用语境来增强学生的文化理解，使学生能够在英语对话中掌握西方文化，有助于学生在日常生活中能够熟练自如地使用英语。同时教师需要加强文化意识教育，让学生能够从理性的角度分析中国与英美国家价值观的差异与共同点，一方面通过了解他国文化而学习语言，能够激发学生的学习兴趣，同时让学生在接触一门陌生语言时找到自己的学习动力。如中国人打电话通常会先问好，而西方人打电话一般需要先介绍自己，学生能够在这种语境中充分掌握英语句型，并懂得西方国家打电话的相关礼仪。引导学生了解西方文化，不仅能够提高学生的文化理解能力，同时使学生形成良好的文化认同感以及文化态度。

---

① 俞理明. "大学英语"不是"公共英语"的另一种说法——对全球化语境下的大学英语教学的一点思考［J］. 当代外语研究，2019（2）.

（八）诠释交际意图

英语口语交流学习的最高层次，是诠释交际的意图。在语言学范畴中，以语言行为作为基本理论，交际意图被分为明确和不明确两种类型。前者能够通过语言直观表达，一般出现在简单的对话中，譬如"What's your income this year？"假如收入可观，可直接回答"Income is just passable"。后者一般较为抽象，或者交际意图与交流者的认知习惯相差比较明显，需要通过以上的语境进行理解，老师必须借助生动的案例，反复模仿类似的语境条件，学生方可逐渐把握交际意图。交际意图是语言学的高层次含义，其掌握学习的难度比较大，无论是老师，还是学生，都要按部就班地完成教学大纲所要求的内容，在日常课堂学习中，潜移默化地进行相关学习，才能形成自然的语言习惯。考虑到大学生的心智比较成熟，并且有着较为坚实的学习基础，对于交际意图的诠释，可直接进入语言学的理性阶段，即学生可根据对象的不同，采用不同的交流方式，而老师只需要解释表达会存在的差异以及产生的原因，并通过适当的表扬和鼓励，即可取得比较不错的效果。

第二节 情感教学在大学英语口语教学中的应用

一、情感教学概述

（一）情感教学的内涵

情感教学主要指的是教师在教学活动中运用一定的教学方式与手段，通过满足学生的情感需要，来推动教学活动向积极化方向发展的一种教学方法。情感作为人类心理过程中必不可少的组成部分，是人类生存发展的必要条件，主宰着学生的精神生活，是促进学生学习掌握各种知识与技能的催化剂，因此，情感教学法在教学过程中发挥着不容忽视的作用。教师在课堂教学过程中应充分调动学生的情感，将情感教学法所发挥的优势进行充分利用与合理调节，从而提高课堂教学的质量水平。情绪教学法是教育改革与素质教育发展背景下的产物，它注重教师在教学过程中对学生情感的培养，有利于实现学生情感态度价值观的教学目标。①

(二) 英语学习者的情感因素

1. 焦虑

焦虑是一种变态情绪,表现为焦急、不安和忧虑。一般认为焦虑是指个体由于预期不能达到或者不可克服障碍的威胁,使其自尊心与自信心受挫,或使失败感和内疚感增强而形成紧张不安、带有恐惧感的情绪状态。焦虑存在着性别差异和年龄差异。研究表明,焦虑与学业成绩、水平考试、口头和书面表达能力与自信心、自尊心之间都存在负相关。外语学习中主要有语言焦虑和考试焦虑。语言焦虑是指学生因达不到预期的学习目标或不能克服语言学习的障碍而产生的自尊心、自信心受挫,表现为内疚感增强、紧张不安、心慌意乱和带有恐惧感等情绪状态。语言焦虑是语言学习者所特有的一种复杂的心理现象。高焦虑学生学习中有不安烦躁和害怕犯错误等心理症状,用英语进行表达时会出现语音变调、节奏不正常,提问时根本说不出话,回答问题自觉性低等情况。考试焦虑是指考生在考试期间(考前、考中、考后)产生的紧张、害怕、忧虑等情绪。考虑焦虑受个体的认识评价能力、人格倾向及其身心因素所制约,以担心考不出好成绩为特征,以防御或逃避为行为方式,通过不同情绪反应所表现出来的一种心理状态。它有心理和生理两方面症状:在生理方面,由于外界的影响或周围的刺激,人体分泌大量性激素对大脑垂体产生影响,使人的自主神经系统被激活,心跳加快,血管收缩,血压升高,呼吸急促,兴奋与抑制调控能力失衡;在心理方面,表现为苦恼、无助、胆怯、坐立不安、缺乏自信与耐心等症状。考试焦虑影响学生实际能力的正常发挥,是考生失败的主要原因之一。

2. 动机

动机是学生持续学习的动力,学生在向着既定的学习目标努力的过程中形成内部动力,学习动机会影响到学生的学习成绩,学习动机会在不同的教学活动中得到深化,也可能会得到消减。

吴一安和刘润清等②的测试证明,受试者的学习动机越高,其学习成绩越好。彭艳虹③指出,动机是激励人去行动的内部动因和力量,它是个体发动和维持行动的一种心理状态;高分段的学生对英语口语学习感兴趣,学习目的非

---

① 黄彩丽. 情感教学法在高职英语口语教学中的应用 [J]. 大陆桥视野, 2017 (24).
② 吴一安, 刘润清, P. Jeffrey 等. 中国英语本科学生素质调查报告 [J]. 外语教学与研究, 1993 (1).
③ 彭艳虹. 大学生英语口语动机类型分析与英语口语教学 [J]. 大学教育科学, 2006 (4).

常明确，学习态度积极主动，学习动机既有来自内部的，也有来自外部的，也就是说，他们既有融合型动机，也有工具型动机，故学习效果令人满意。常利和李芝章[1]在研究中发现，大学生英语口语的动机主要有五种类型，分别是学习外国文化（融合型）、出国深造（融合型）、通过各类考试（工具型）、娱乐以及工作实践与交流。很多学生的英语口语学习动机单一，过多看重某一项具体动机，比如，有的学生认为学习口语是为了找工作。

由此可见，英语口语学习动机是影响学生学习英语口语的主要的非认知因素。大学生英语口语学习动机是在学习需要的基础上形成和发展起来的。

3. 自尊心

自尊是贯穿人本主义心理学家著作始终的一个非常重要的概念。罗杰斯的以人为中心的治疗目标就是要让来访者接受并欣赏客观上的自己，自尊需要也是马斯洛著名需求层次理论的重要组成部分。

自尊心对学生的学习也有着重要的影响作用。自尊心源自人们对自我价值的评价，具体是指学习者对自身能力或价值的认识和评价。在相同的语言环境中，缺乏自信、焦虑感强、害怕出错的学生往往不敢大胆回答问题和参与各种英语活动，因此也就失去了很多语言实践的机会，进而学习效果也就不能令人满意。这就需要教师在教学过程中，针对学生的不同个性设置不同难度的任务，使学生感受到自己的进步，进而增强学生的自尊心。

4. 自我概念

自我概念指个体对自身的观念、情感和态度组成的混合物。它是指个体对自己的综合看法：（1）它是在过去与环境相互作用而形成的经验的基础上建立的；处理过去人与环境的经验是自我概念形成的基础。（2）它主要受他人的强化和评价的影响。人是社会中的人，人离不开他人的社会评价，自我概念的形成与社会评价密切相关。

学生的自我概念指学生在身心成长及学校生活经验中，对自我身心特征、学业成就以及社会人际关系等各方面综合性知觉和自我评价，这种总体知觉和自我评价包括认知、情感、意志三种心理成分。在英语口语教学过程中，教师要关注学生的学业自我概念在学习中的作用，积极引导学生形成正确的、稳定的自我概念，有效的实施英语教学，以取得好的教学效果。

(三) 情感教学的原则

情感教学主要包含下述几项原则：

---

[1] 常利，李芝章. 大英语口语学习动机调查研究 [J]. 华东大学学报（社科版），2006 (1).

一是乐情原则。乐情原则指的是在教学中，教师可运用各种教学方法，激发学生学习的积极性，让学生在轻松、愉快的氛围下进行学习。唯有学生在教学活动中始终保持乐情学习状态，才能切实发挥情感因素对学生学习的推动作用。基于情感教学心理学原理，让学生轻松、愉快学习的重中之重在于教师在教学中所组织开展的教学活动可满足学生需求与否。在教学活动中，学生的需求主要表现为求知需求、创造需求、成功需求以及审美需求等。

二是冶情原则。冶情原则下，教师不仅要注重向学生传授认知信息，还应注重对学生进行情感层面的陶冶。在教学实践中，教师的情绪很大程度上影响着学生的情绪。倘若教师情绪起伏不定，学生极可能也会出现不良情绪，进而对学生学习效果造成不利影响。因而，教师应注重调节好自身的情绪，切忌将日常生活中的不良情绪带到教学课堂上，而应当以尽可能饱满、积极的情绪投入教学活动中。除此之外，教师还应注重对教材开展情感处理，以此满足学生的情感需求，促进学生情感素质发展。

三是融情原则。融情原则讲究立足于教学中学生学习面临的环境问题，通过建立师生之间的融洽关系，营造和谐的课堂教学氛围，进而从根本上提升教学有效性。为达成这一教学目的，要求教师掌握师生情感融合的艺术，比如，教师应做到为人师表，发挥自身的榜样模范作用；教师应尊重学生个体差异，做到一视同仁；教师应与学生进行积极的交流沟通，帮助学生发现问题、解决问题，等等。

（四）情感教学的特征

1. 工具性和目的性的统一

现代情感教育既把情感因素作为优化教育过程和促进人整体主动发展的工具与手段，又把情感作为教育的重要目的，并在教育实践中把这两方面有机地结合起来。

传统意义上的情感教育，是指调动和激发学生某些情感因素，以达到某种教育的目标。因而，情感仅仅是被引导去掌握书本知识、技能，习得某种规范，提高分数的可用可不用的工具和手段。因此，如果学生的情感仅仅被引导去达到某种片面的教育目的，那么最终学生的情感发展会被扭曲或忽视。

现代教育把培养能积极适应社会需要，充分发挥自己的主体性，具有完整和独特人格的人作为教育的根本目的，而积极的生活态度、良好的情感素养、健康的情感是一个人积极适应社会、发挥主体作用、人格不断完善的最为重要的素质基础，也是健全人格的重要组成部分。因此，现代教育意义上的情感教育，必然把发展人的情感机能、提升人的情感素养作为教育目标中重要和不可缺少的内容。同时又把促进学生情感层面的发展，开发情感潜能作为人适应环境、学会生存、享受生活、开发学习潜能、创造社会价值、促进自身发展的不可缺少的工具和手段。

在现代学校情感教育实践中必须把这两个方面，即把情感教育的工具性和目的性真正统一起来，成为促进人的全面和谐发展教育的有机组成部分。

2. 现实性和超越性的统一

现代教育培养的人既要能适应现实的生活环境，同时又能适应不断发展的未来生活。现实性和超越性是现代教育的特征，也是现代情感教育的特征，即情感教育必须以现实生活为基础，着眼于培养具有既能积极适应现实生活又能超越现实适应未来的情感素养的人。因此，现代情感教育一方面注重通过学生与现实生活相互作用的动态过程来对学生进行情感教育，使学生既能适应生活，又能以积极的心态去创造生活。同时现代情感教育又必须从现实生活和社会发展中找出那些最稳定和最能体现人的本质的情感。通过指导学生在不断适应和创造生活的过程中，把情感教育的现实性和超越性统一起来。

3. 适应性和发展性的统一

情感教育的对象是正处在发展中的学生，每个学生都具有各自不同的情感经验、不同的情感发展水平与特点。因此，现代情感教育既要适应学生情感发展的水平和特点，又要不失时机地促使学生情感的不断丰富和发展。

传统意义上的情感教育，较多地强调教师消极地适应学生现有的情感需要，使教育要求、内容、方式适应学生现有情感水平，采用保护式、保姆式的教育。或者简单地要求学生的情感适应统一的教育要求。现代学校情感教育则更多地关注学生的情感发展，以促进学生情感发展为核心，既考虑到教育目标、内容、方式、评价能适应学生现有需要和情感水平；又使教育目标、内容、方式、评价适应学生需要和情感的最近发展区，使适应性和发展性相统一。不考虑适应性，发展也就没有基础，没有体现发展性，情感教育就不可能真正促进学生整体素质的发展。

4. 系统性和整合性的统一

情感教育是学校教育中一个相对独立的领域。由于学生情感发展是学生整体发展中极为重要和独特的领域。现代学校情感教育必须具有自己的目标、内容、途径和方法体系，才能为学生的发展提供保障。但是，在教育实践中，情感教育作为学校教育的一个有机组成部分，必然是与学校各方面工作，与各科教学紧密联系的，并且只有在与学校生活和各育、各科教学的整合中才能发挥其独特的功能。

传统意义上的情感教育，往往等同于审美教育或者归入德育的范畴。没有把情感教育扩展到学生的生活和完整人格发展的背景之中，割裂了情感教育的丰富内涵，学生情感健康发展难以得到保证。

现代学校情感教育具有自己较为完整的独立的情感教育目标、内容、途径及方法体系，能更全面有效地促进学生情感的发展。同时又把情感教育扩展到学校生活的各个方面，如学校各育、各科教学、人际关系、班集体生活、学校环境、课外活动等等。此外，把情感教育和学校各方面工作有机地整合起来，把教育要求和学生情感发展需要整合起来，把情感教育和智能、道德、个性发展整合起来。

二、大学英语口语学习中的情感障碍

情感与认知同样都对学生的学习产生重要作用，解决好学生情感因素带来的问题，可以更好地调动学生的学习积极性，提高学习效率。在英语教学中，教师要发挥积极的能动作用，及时了解学生的情感状态，以便于在学生处于消极情感状态的时候给予指导，降低情感对学习的影响，同时还要有意识地对学生进行情感教育，使其能以积极的情感态度去面对英语学习。而影响英语口语教学的情感因素则主要有动机、思维定式、焦虑和自卑等。

（一）缺乏交流动机

动机和行为密切相关，没有动机也就无所谓行为。学习动机对学生的英语口语学习成绩也起着至关重要的作用。但是在很多学校中，英语考试主要是以笔试和听力为主，而口语并不作为考试项目，所以学生对英语口语的学习也不重视，认为英语口语教学无关紧要，这也造成了学生不会产生英语口语学习的动机和积极性。

（二）汉语思维定式影响

中国学生在英语学习的过程中，由于受到母语的影响，在学习英语时还是运用学习母语的思维思考问题，这就使得学习口语的时候形成了思维定式，增加了学习难度。学生在进行口语练习时，往往要在汉语和英语之间进行翻译，这就使表达非常吃力，而且还会经常出现错误。

（三）焦虑干扰

消极焦虑是一种引起不安、紧张、忧虑、担心、自我怀疑的主观情绪。消极焦虑会使人烦躁不安、心跳加速，造成身体和心理的不适。英语口语学习中，消极焦虑会严重影响学生的学习，使得学生在口语练习中出现思维混乱、发音不准确等现象，如果再遇到老师的提问，或者纠错等，会使学生更加紧张，从而引发学生的焦虑，使得表达更加困难。

（四）自卑心理作祟

自卑是一种消极的情感体验，表现为自我评价和认识过低，缺乏自信，不敢在公开场合说话，不愿与别人交往。进行英语口语学习时，学生往往会因为自己的英语水平较差、词汇量较低、发音不准确、不能灵活应用、怕出错等问题而不敢用英语进行对话。这就是自卑心理造成的结果，自卑使得学生不愿进行英语口语练习，无法提高口语的水平。

三、情感教学在大学英语口语教学中存在的问题

（一）对情感教学缺乏足够重视

在传统教育思想观念的影响下，不管是学校、教师，还是学生、家长，几乎一致认为知识教学是处在首要位置的，而情感教学则无关紧要，该种"重知识轻情感"的思想观念长期存在于人们的脑海中。学生在教学课堂上一味接收科学文化知识，而鲜有受到科学有效的情感教育，由此使得学生在知识、情感发展上表现出失衡的情况，更有甚者出现情感发展扭曲。随着我国高等教育改革事业的不断深入，越来越多英语教学工作者逐步认识到情感教学在大学英语教学中所能发挥的重要作用。但受制于学校对英语教学进度的严格要求及学生参加各种英语考试的需求，使得教师不得不将大部分时间、精力花费在向学生传授英语专业知识上，进而鲜有其他时间、精力对学生开展情感教学。对于大学英语口语教学来说，亦是如此，教师在口语教学课堂上，局限于向学生传授英语口语知识，而不注重开展情感教学，师生之间缺乏情感交互，极易使课堂教学陷入僵化局面，对大学英语口语教学效果造成不利影响。

（二）不良情绪影响学生学习效果

当代大学生不仅学业繁重，同时还要面临来自个人、家庭以及社会等各方的压力，加之大多数学生对英语学习存在一定的抵触心理，大学英语口语教学中情感教学不足，极易助长学生的不良情绪，进一步致使学生出现学习态度散漫、厌学等不良学习问题，对学生学习效果造成不利影响。在大学学习阶段，学生除去要学习英语课程之外，还要参加诸如四六级、口语、口译等考试，学生学习英语表现出一定功利倾向，学习也比较吃力，如果教师在教学过程中不关注学生的情感，则极可能让学生在英语学习期间出现烦躁、焦虑等一系列不

良情绪。加之学生投入了大量的时间、精力学习英语，而并没有收获理想的学习效果，这将造成学生情绪低落，进一步影响学生英语学习，长此以往，将使学生进入一种恶性循环，很大程度上削弱学生学习英语的积极性，不仅不利于学生的身心健康发展，还与大学英语教学的初衷相背离。

四、情感教学在大学英语口语教学中的应用策略

（一）转变传统的教学观念

教师应当更积极地关注学生的个性发展和成长需求，同时应当加强自身的情感修养，将情感教育策略应用到日常的英语教学活动设计和教学课堂开展过程中，加深自身对于情感态度的教学认知，提升自身的感性思维，转变教学观念，在教学课堂上更进一步突出学生的主体地位，使得传统意义上的英语教学课堂得到有效的转变。教师应当改变传统知识灌输的教学模式，对师生之间的教学关系进行重新定义，开创互教互学的新型课堂教学方式，给学生的英语语言使用提供更多的机会，并对学生的学习过程进行科学的指导，对学生智力因素和自主创新能力的有效提升，让学生的英语学习情感处在一个积极向上的状态。在大学英语教学实践过程中，教师应当将自己的情感教学理论和教学手段进行科学的融合运用，关注学生在学习过程中表现出来的个体差异、学生在学习过程中出现的情绪态度转变，对学生运用更积极的教学评价，尊重学生的学习成长个性。与此同时，应当更多地鼓励学生，消除学生对英语学习的畏惧心理，运用积极发展的眼光看待学生的学习表现，对学生的学习进行正确的教学指导，提高学生的成就感。[1]

（二）营造良好的教学氛围

为实现情感教学在大学英语口语教学中的有效应用，营造良好的教学氛围至关重要。为此，教师在教学实践中应加强与学生的交流互动，营造轻松、愉快的教学氛围，进而更好地传递情感，提升口语教学的有效性。在教学课堂上，教师除去要向学生传授英语知识外，还应注重为学生提供更多的课堂活动时间。比如，教师可让学生观赏相关优秀影视作品，然后将学生分成若干小组，要求各小组对影视资源中的台词进行模仿练习，与此期间，不仅可调动课堂氛围，还可在潜移默化中提升学生的口语能力。除去营造良好的教学氛围之外，建立和谐师生关系对开展情感教学同样重要。教师应加强与学生之间的情

---

[1] 郭欣. 情感教学在高职英语教学中的应用 [J]. 新教育时代电子杂志（教师版），2023（20）.

感交流，关注学生心理情感的发展转变，并采用相应策略，传授学生自我控制及调节情绪的方式方法。比如，教师可引导学生在口语学习过程中开展情绪变化的自检、自测，以消除不良情绪。①

(三) 创设良好教学情境

在大学英语口语教学中，教师应为学生创设一个良好教学情境，引导学生自主学习，依托情感因素，提升学生学习英语口语的动机。教育心理学研究得出，学生对所学习内容感到新颖且无知时，更有利于激发学生的求知欲、探索欲。为此，教师可对口语教学内容进行筛选，引入一些既能够提升教学内容吸引力，又可激发学生学习兴趣的内容，诸如英语新闻、英语流行歌曲、英语小故事等。在此基础上，教师在创设教学情境过程中，应加强对多媒体技术的有效应用，将教学内容生动形象地呈现在学生面前，并结合不同的教学任务，采用多样丰富的教学方式，以调动学生学习的积极性。值得一提的是，教学任务的设计要能够激发学生的兴趣，任务完成过程教师应全面监控，避免学生学习偏离主题；在此期间，教师应鼓励学生表达自身独特的学习观点、看法，不同教学内容都对应着或显性或隐性的情感因素，教师应紧扣情感点，开展移情教学。

(四) 关注学生的情感心理

1. 丰富英语教学内容和教学方法

大学英语教学课堂中，教师应当更重视学生语言运用能力的提升，可以通过设计贴近学生生活经历的教学内容，结合学生进入职场的实际需要，给学生创造更具真情实感的英语利用环境，让学生对新的知识进行充分的消化和吸收，同时能够进一步地提高学生的学习热情，使得学生更积极地参与到学习活动之中。在大学英语教学课堂中，教师应当运用丰富的教学内容设计，通过多样化的教学手段，充分挖掘教材中关于情感内涵的学习因素，给学生提供一个立体的、趣味性的教学课堂，创造更多的交际空间，给学生的英语学习氛围营造提供有效的助力，通过设计寓教于乐的教学课堂，让学生更积极地参与进课堂学习的过程中，并通过情感的获得，促进学生对英语学习产生更加浓厚的兴趣，深化学生的英语情感体验，引导学生的英文思维得到充分的发散，自然就会更进一步地促进大学英语教学课堂的优化。

---

① 张丽博. 情感教学在大学英语口语教学中的应用探析 [J]. 现代英语, 2021 (11).

2. 帮助学生获得更多学习成功的体验

学生的基础英语水平不同，接受的能力也存在着差异，教师在英语教学的过程中，应当针对学生的不同提出差异化的教学需求和教学目标。英语学习的本质目的是帮助学生获得相对应的语言知识和技能，引导学生对语言背后的文化属性进行深入的学习，因此，教师应当给学生创造出更多成功的机会，引导学生积极地克服困难，通过实践学习获得对应的进步。只有学生在学习过程中不断地进行尝试，勇于犯错，积极纠正错误，才会在学习过程中真正地实现语言技能的提升。对语言学习本身而言，出现错误是不可避免的，教师应当帮助学生消除内心的不自信情绪，对于学生的语言学习活动表现应当给予更多积极的正面的评价，对学生在学习阶段中获得的进步要进行肯定，必要的时候还可以通过课堂表扬等，让学生深度地体会到英语学习的成就感。在教学的各个环节中，教师应当尽可能地给学生创造获得成功的机会，针对不同水平的学生树立不同的成功体验，增强学生的学习兴趣，并帮助学生建立足够的学习自信心，有效地提高教学的质量。

3. 注重心理辅导教学的重要性

对于英语教师而言，除了需要具备过硬的教学能力和专业的教学素养，还需要同时具有一定的心理辅导教育技能，在日常的英语课堂教学过程中，教师应当更耐心地倾听学生的学习需求，聆听学生关于学习的真实想法，为学生提供积极的引导教育暗示，引导学生对自身产生更全面的认知，同时在教学活动中可以进行一些正能量的教育思想的渗透，逐渐帮助学生消除内心对于英语学习的畏惧心理，引导学生克服内心的不良情绪障碍，调整自己的心态，对自身的学习优势和不足进行更全面的分析，从而促进学生的自我发展。

（五）运用多元教学评价

很多学生的英语基础知识较为薄弱，倘若教师只是单纯地运用期末成绩将其用作学生学习能力和水平的评价，学生会在这样的评价过程中逐渐失去英语学习的兴趣，甚至会在英语学习课堂上产生一些焦虑紧张的负面情绪，当学生下一次遇到学习困难的时候，就会产生放弃的心理。因此，教师应当运用更多元化的教学评价，注重积极的情感因素对于学生学习状态的影响，通过多元化的评价，促进学生学习技能的形成。同时以过程为中心的评价方式能够对学生的学习兴趣进行更进一步的启发，帮助学生建立更积极的学习动机，使得课堂教学上情感因素的价值得到更大程度的发挥，让学生对英语学习产生足够的成就感，使得学生的综合素养得到显著的提高，更好地实现大学英语教学的既定教学目标。

第五章 大学英语口语教学与跨文化交际

在全球化发展的背景下,英语作为多国通用语,成为连接世界的重要沟通桥梁,学习英语也成为一种热潮,尤其是英语口语的学习。学生在英语口语学习过程中,不仅是学习单词、语法和发音,而是要把语言和文化结合起来,因此跨文化交际能力的培养是英语口语教学课堂中需要重视的内容,口语课堂的教学质量直接影响着学生跨文化交际能力的提升。本章主要对大学英语口语教学与跨文化交际进行了系统论述。

第一节 跨文化交际解读

一、跨文化交际的内涵

跨文化交际是指不同文化背景的人之间的交际行为,而这种行为主要是通过语言进行的,故又称为跨文化语言交际。人一直是生活在复杂的社会环境之中的,并且在特定的文化中长大,这就使得人在学习语言的同时自然就学会了语言规则和文化的社会规范。交际是双向的活动,交际双方的不同背景和经历都是影响交际活动的因素之一。不管是相同文化交际和跨文化交际都是离不开文化的,如果交际双方来自相同的文化背景,那么他们之间的交际就是相同的文化交际;如果交际双方来自不同的文化背景,那么他们之间的交际就是相同的文化交际。由于语言是通过民族文化的中介来反映和表现世界的,所以语言的使用本身就是一种文化行为,表达的效果是某种文化的产物,文化也是制约正确解码的重要因素。没有必要的文化背景知识,正确的解码几乎是不可能的。从这个意义上说,交际活动是一种文化现象。因此,在跨文化交际中要特别注意和研究文化差异。

二、跨文化交际的分类

来自不同文化结构体系的人们之间的交际都属于跨文化交际。但根据不同的标准和要求，跨文化交际的分类也不同。

1. 按照跨文化交际范畴的不同划分

按照跨文化交际范畴的不同可以分为"宏观跨文化交际"和"微观跨文化交际"两种。

所谓宏观跨文化交际指国际性的跨文化交际，即跨国界的观念、习俗不同的民族、种族之间的交际。例如，中国人与日本人之间的交际。

微观跨文化交际指同一国家内来自不同文化圈的人们之间的交际，包括同一国家内来自习俗不同的民族、种族、地域的人们之间的交际。例如，同在中国的汉族人与回族人之间的交际。

2. 根据交际群体的不同划分

根据交际群体的不同可以分为"文化圈内的交际"和"文化圈际的交际"。

文化圈内的交际是指同一主流文化内不同个体之间的交际。例如，同属阿拉伯文化圈的不同国家的个体之间或者同一国家不同地域之间个体的交际。同属于中国大文化圈的南方地区和北方地区有很多不同的习惯性差异。

文化圈际的交际是指不同主流文化的个体之间的交际。[①] 例如，分属阿拉伯文化圈和非洲黑人文化圈或者欧洲文化圈的个体之间的交际。

来自不同文化圈的个体因文化差异而导致交际的表达方式、表达含义存在差别。

三、跨文化交际的影响因素

（一）价值取向因素

人们的交际能力是在社会化的过程中产生的，它必然与人们的价值取向联系在一起。价值取向即价值观是人们关于什么是最好的行为的一套持久的信念，或是以重要性程度而排列的一种信念体系。这种信念体系，虽然看不见、摸不着，却无处不在，对人们的活动起着规定性、指令性作用。

每一种文化都有自己特有的价值体系，也可以被称为人们的处世哲学和道

---

① 李建军. 跨文化交际 [M]. 武汉：武汉大学出版社，2011：1.

德标准,它不能脱离具体的文化环境而存在。每一种文化对同一事物可能存在着不同的判断标准,但是我们绝不可以理解为一种价值标准先进,而另一种价值标准落后。文化不存在先进和落后之分,每一种文化都是自身文化环境的必然产物,它们在各自的文化体系内都有其存在的合理性,在进行跨文化交际时必须予以足够的尊重。

(二) 行为规范因素

行为规范是指被社会所共同接受的道德标准和行为准则,就是告诉人们该做什么和不该做什么的一种规范。不同文化背景的人们在交际时,会不自觉地套用自身所在的社会的行为规范来判定对方行为的合理性。而由于双方的行为规范存在差异,常常会产生误解、不快甚至更坏的结果。因此,在跨文化交际中是否能够正确地识别和运用行为规范是保证跨文化交际顺利进行的重要因素。

(三) 思维方式因素

各民族的思维习惯的形成都有赖于相应的文化环境。文化环境的主要因素有生产方式、历史传统、哲学思想和语言文字等。其中,语言是感知和认识世界的重要手段,同时对语言的理解和掌握也是感知的重要部分。也就是说,一方面语言体现思维;另一方面,语言习得也是影响思维习惯形成的重要原因。心理语言学家认为,人类认知结构都是相同的,但是由于各民族生存的文化环境不同,使用的语言不同,其思维方式是有差异的。

四、跨文化交际中的言语交际与非言语交际

(一) 言语交际

语言是交际的工具,也是文化的载体,在跨文化交际中具有重要地位。作为交际工具,不同的文化群体凭借语言进行沟通和理解;作为文化载体,不同的文化群体通过各自的语言展现不同的文化特征。无论是普通言语交际还是跨文化言语交际,都要涉及静态的语言系统和动态的言语过程,都要遵循语言系统规则、言语行为和交际规则及话语组织规则。静态的语言系统指语音、词汇、语法三种语言要素。在跨文化交际中,主要介绍词汇、语法、语篇三个方面的跨文化差异;动态的言语过程指言语行为规则、言语交际规则及话语组织规则,如合作原则、礼貌原则、言语行为理论等。

（二）非言语交际

1. 非言语交际的重要性

非言语交际能传达交流双方所要表达的大部分意思。首先，交流时的情感内容包括交流双方的感觉和态度，而非言语交际属于我们情感内容中的潜意识层面，即非言语行为自发地反映了说话者的潜意识，而潜意识通常是交流双方真实意思的表达。即使话语和非言语行为相悖，很多时候我们更愿意相信非言语行为传递的信息。有时甚至撒谎的老手也会被识破，而这有可能是因为他们说谎时不经意给出的一些细微的非言语暗示出卖了他们。非言语行为不容易被操控，在商务谈判中，我们要善于观察对方的非言语行为，从而窥探其真实意思，进而成功推进商务洽谈。商务交际是一个动态的多通道的交流过程，且通常在一个固定的组织内（比如在公司里）进行，在商务交际过程中，我们需要解决所有和商务沟通有关的问题，比如如何有效化解分歧和矛盾，和商务伙伴交流时采用何种话语和语调，如何去写有说服力的商务信函或者邮件，在公共场合讲话时如何克服怯场心理，在商业伙伴面前如何展现我们的专业素养，如何设身处地地为对方着想。总而言之，我们需要在商务交际时用心主动倾听，坚定自信地表明我方态度并合理运用非言语行为来促成商务谈判。第二，非言语行为无时无刻无所不在，有时我们沉默不语甚至不在交流互动的现场，非言语行为依然存在，比如，有时候人们不出席某个会议，无论之后他们有什么理由，缺席实际上就是一种非言语行为，表明他们对这个会议没那么感兴趣，再比如，不回答问题也是一种非言语行为，它可以传递不同的意义，可能是不理解问题或不知道答案，或者没有听清问题，或者觉得问题不恰当或不值得回答。说话时的语音语调，以及强调了哪些词语，这些也都属于非言语行为的范畴。非言语行为如此重要的另一个原因是有些人患有非言语学习障碍，他们无法通过非言语行为来获取有效信息，比如患有非言语学习障碍的学生无法读懂教师的非言语行为，如果课堂上教师只给出非言语暗示，那么他们往往会不知所措，会被认为是故意不学习或者捣乱，教师需要及时了解这种情况，对于这类学生就需要给予明确的语言提示。

2. 非言语交际的特征

（1）多维性

非语言交际不是孤立存在的，它必须依托于语境。在一定语境中，非语言行为的表意是明确的。但一旦离开语境，它的表义就会比较笼统，让人无法准确推测出其中的原委，从而无法体现交际价值。人们除了运用言语手段在交际时传递所要表达的信息以外，还会调动表情、手势、身势、服饰、时间、场景、语速、语调、颜色、气味、化妆等多种手段来进行辅助沟通。人们有意或者无意地做出一些非语言行为，人们在不同的环境中可以得到不同的信息反馈。同时，非语言行为是不同文化习得的产物，是人类文明发展形成礼俗规范的结果。另外，非语言交际是多学科研究的对象，与语言学、心理学、人类学等都有密切联系。

（2）模糊性

非言语交际的意义是模糊的。在跨文化交际中，永远也无法确保他人是否能够准确理解你的非言语行为所表达的含义。一个动作行为在不同的语境和环境中，可能表示多种含义，在不同的国家、不同的文化中，解读也可能千差万别。因此，非言语交际应该是存在于一定的语境中，才能准确地解读出它的含义，脱离于语境以外的非言语行为具有模糊的特点。

（3）隐蔽性

由于教育的影响，在交际时，人们更重视的是口头表达和书面表达，有时会忽略非语言的交际行为。从习得顺序来讲，从人出生到咿咿学语，非语言行为的习得是早于语言表达的。非语言行为实质上是一种潜意识行为，比如，尴尬时会脸红；生气时会咬牙切齿；紧张时会口吃等。这些行为很难人为加以控制，是自发的、潜在的。非语言动作常伴随着语言发出，而且这些动作往往非常细微，让人难以察觉。大多数从事国际汉语教育的教师都有这样一种感受，不论学生还是教师都很重视书面语和口语的表达，很少注意到非语言交际在教学过程中的重要作用。

3. 非言语交际的类型

（1）体态语

身体语言在跨文化交际中的不同，是非言语研究中最重要的一点。很多学者都把身体语言作为是非言语交流研究的基础。身体语言是身体发出的非言语符号的一种。也就是说，是从身体各个部位获取支持来表达人们的感受。主要是分为五个部分：面部表情、姿势、目光接触、手势和外貌衣着。

（2）副语言

副语言包括一切可以用来修饰改变口头语言的工具。[1] 在语言学中，英语被认为是语调语言，我们只有在阅读完整个句子才可以理解它的意思。那就是说，我们需要了解整句话的基调。

英语是一种语调语言。不同的语调在同一个句子中可以表达出不同的

---

[1] 任净，庞媛. 当代外国语言文学学术文库 跨文化教育和跨文化交际教育研究 [M]. 北京：北京对外经济贸易大学出版社，2021：90.

意思。

相对于英语，中文在语言学领域中就是声调语言。每一个中国字都有自己的声调。中文一共有四个声调。同一个中国字可能因为不同的声调而有不同的意思。在汉语中，我们称之为多音字。在不同的语言环境中使用不同的声调。比如，"单"通常被读作"dān"，这个声调通常是表示孤单或者是独自去做某事。比如"单独"，我们就读作"dān dú"。当这个字是代表某个人的姓时，就读作"shàn"。英国人在学习中文的时候会遇到很多困难。声调对于他们来说就是最困难的。有些时候甚至中国自己人都不能够分辨出多音字。

（3）客体语

客体语即非语言交际中，信息的传递者（客体）与讲话者（主体）之间没有直接关系，信息是由主体根据客体的具体表现，运用生活和文化常识推理和联想来获取的。如果说副语言主要靠听觉来完成交际，达成信息的传递的话，那么客体语需要通过视觉和嗅觉来解码信息。客体语是借助个人所拥有的物品，有意或无意地展示了交际者的生活习惯、个人品位、性格特征、社会地位、职业特点和文化内涵等。我们都说第一印象非常重要，在还没有进行语言交流前，首先观察的便是体貌、着装、发型、妆容、装饰品等方面。不同的外表会给人留下不同的印象，预先为语言交际做出判断，提供参考。

（4）环境语

环境语包括时间、空间、颜色、建筑设计与装饰等。[①] 它与我们所处的地理和自然环境有关。在非语言交际中，环境语是人为创设的生理和心理环境，它与客体语一样，都是一种客体呈现的信息。与客体语不同，客体语借助的是个人所有的东西和物品来传达信息，而环境语往往与个人联系不那么紧密。

第二节　跨文化交际中的语用失误

一、语用失误解读

"语用失误"（pragmatic failure）由英国语言学家托马斯于 1983 年在《跨文化语用失误》（Cross-culture Pragmatic Failure）一文中首次提出。她认为只要听话人所感知的话语意义与说话人意欲表达的或认为应该为听话人所感知的

---

① 薛可，余明阳. 人际传播学概论［M］. 上海：复旦大学出版社，2021：410.

意义不同，就产生了语用失误。其危害性在于会引起本族语者与外语学习者之间的误会，破坏人们之间的交际，使和谐的人际关系变得紧张。托马斯采用了语用失误（pragmatic failure）而不是语用错误（pragmatic error）的说法，是"因为这类失误不是来自语言本身的语法错误等方面的问题，即不是语法结构出错而导致词不达意；这类语用失误主要归因于说话的方式不妥，或者不符合表达习惯，或者说得不合时宜"。①

托马斯把语用失误划分为两类：语言语用失误和社交语用失误。前者涉及语言本身，与外语学习者的母语干扰有关，这类语用失误停留在语言层面，因而可以通过教学加以纠正和避免。而社交语用失误是由于文化背景不同引起的，涉及哪些话该讲，哪些话不该讲，人际关系的远近以及人们的价值观念。它属于深层次的语用失误，一般很难通过教学直接改正。

二、跨文化交际中语用失误的具体体现

（一）语用语言失误

1. 违背英语本族人的语言习惯

在跨文化交际中，因为文化背景存在差异，每个民族的语言习惯也存在差别。中国人在使用英语时难免会违背英语本族人的语言习惯，错误地使用英语的其他表达方式。在英语的表达中，许多词翻译成汉语，它们的意思可能完全不同。例如，"politician"与"statesman"这两个单词，在英语中，politician这个词的深层含义有贬义色彩，指的是精明圆滑为谋取私利而耍手腕的人。汉语中的政治家应译为 statesman，主要表示善于管理国家的明智之士，人们通常把有威望的政府官员称为 statesman。所以在翻译中要谨慎用词，否则就会造成语用的失误。

2. 中国式英语

中国式英语通常指中国的英语学习者、英语使用者受到本族语言习惯的影响，生搬硬套汉语的运用法则和表达习惯，死扣文字，将中英文的词汇结构句法逐一地对等翻译，虽然在整体上不存在语法的使用错误，但这种中国式英语对英语国家的人来说容易产生歧义。在跨文化交际中，一些双语的告示语上存在着中国式英语。如，"请勿攀爬"译为"No Shinny Please""长途发车区"译为"The long distance hair bus area"，等等，中国人一眼就可以看得懂，但是英语本族人却无法理解。

---

① 何自然. 语用学概论 [M]. 长沙：湖南教育出版社，1988：202.

3. 混淆相同语言的语用意义

在跨文化交际中，许多词语虽然表面上有着相同的意思，但在不同的国家却有着不同的语用意义，稍不谨慎，就会造成语用的失误。有一则专门针对老年人所做的广告，在广告中，"老年人"被翻译为"old people"。这种广告如果投放到西方市场，其销售效果就一定欠佳。虽然"old"有年老的意思，但其含义却有死脑筋、观念旧的意思，对于西方人来说比较忌讳。相反，"senior"也可表示年纪老，但它的含义可指社会地位、知识层次、阅历等，换为"senior"更恰当一些。再如，在与外国友人吃饭的过程中，一中国人席间说到了两次"方便"，一次是出于礼貌对对方说："不好意思，我去方便下。"一次是出于感谢说："等你下次方便时，我请你吃饭。"这两次的方便显然有着不同的语用意义，在中国，"方便"有一个意思就是"去洗手间"，如此表达不当，出现语用失误，会让人造成不必要的误解。

(二) 社交语用失误

1. 称呼上的差异

在中国人眼里，对西方人直呼长辈大名是一种不礼貌的行为，由于有着不同的文化背景，称呼上就存在差异，避免不了造成社交语用失误。在中国，通常按辈分来称呼"大伯、姨妈、叔叔、表哥"等，或者是按照职业来称呼"老师、先生、女士、师傅"等，但在英语中，男士统称为"Mr."，未婚女士统称为"Miss."，已婚女士统称为"Mrs."。英语中熟人之间直呼其名，甚至以昵称相称。令英美人更无法理解的是，汉民族把没有任何血缘关系，甚至根本不认识的人以家庭称呼相称。例如，对于"大妈"一词，不同的人会有不同的理解，有的人会理解为年龄较大的已婚妇女的尊称，而有的人就会理解为没有知识和文化的轻蔑称呼。所以诸如此类，在跨文化交际中，应根据文化背景，而合理恰当地使用。

2. 不恰当的问候语

在中国文化中，人们见面时常用"你吃饭了吗""你去哪里"等言语来作为彼此之间的问候语，然而类似的问候语对英语本族人来说，不仅没有起到问候的作用，反而起到了反作用。他会认为此类问题对他的个人隐私构成了威胁，与此同时，会误以为你要请他吃饭或者是对他的一种不礼貌行为。

3. 称赞语回应语中的语用失误

称赞是一种对他人能力、品质、举止等的赞美行为，合适的称赞可获取对方的好感，使交际顺利进行，使人际关系更加和谐。对于称赞的反应，西方人一般会正面接受，并表示感谢，而且也会经常称赞别人。中国人在这方面的表现则刚好相反。中国人注重尊卑有别，亲疏有序。作为礼仪之邦，中国人自古以来就以谦虚为美德，贬己尊人。受到称赞时常常会说"这些都是大家的功劳"，"没什么，这是我该做的"等。这也反映出中西方文化在思想观念上的一些差异，中国人喜欢强调集体的力量，称赞往往流于表面，泛泛而论；而西方人则注重个人，往往就事论事。另外，用胖瘦来评价某人时，中国人会说"您又发福了"。在中国传统文化里，胖就是富态的代名词，其象征着家庭富裕生活美好。但如果你用胖来称赞西方人，也许会使对方不悦，因为在他们看来，发胖就意味着身体素质开始下降，甚至可能会被误解为含有贬义。[①]

4. 忌语的不恰当使用

语言禁忌是一种很普遍的社交现象，它在跨文化交际中显得尤为重要，不同的国家存在着不同的忌语，正是因为这样的不同，我们才应该给予必要的尊重，使得跨文化交际顺利进行。中国人和西方人对待年龄问题的态度不同，对大多数美国人和英国人来说，打听陌生人或不太熟悉的人的年龄是不礼貌的。此外，婚姻状况、政治倾向、收入等，除非对方表示不介意，否则也不宜过问。此外，还有一些象征性的忌语，例如，"喜鹊"在中国为报喜鸟，象征着吉祥、喜悦，而在西方却被比喻为喋喋不休、令人讨厌的人。再如，"乌鸦"在中国为不祥之物，遇到会担忧不吉利，但是在美国、日本、印度等国家，则称之为"神鸟"，还会出现在民间的乐器上。在跨文化交际中，应注意使用禁忌，避免不必要的误解。

5. 未正确认识身份地位与话语的联系

身份地位不同，使用的话语也应该不同。对熟人或者对身份地位较低的人使用过于礼貌的用语会让目标语听话者感到不舒服，对陌生人或者对身份地位较高的人使用过于随便的用语会让目标语听话者感到被冒犯。比如在中国，我们乘坐的士时会向司机说道："麻烦去XXX。"因此，很多中国英语学习者就会直接翻译这句话向西方的士司机说道："Would you mind take me to XXX."这样显得过于礼貌，司机也会感到不适。

6. 表达歉意的语用失误

人际交往中，难免出现一方要向另一方表达歉意的情况，在恰当的时机，针对不同的事件，选取正确的表达歉意的语言，可以使人和人的关系从紧张的状态中脱离出来，快速地修复人际关系。在不同的文化中，关于如何表达歉意有着基于各自文化所产生的独特话语体系。

在中文语境中，常用于表达歉意的话语是"不好意思""对不起"，这些

[①] 陈培，西安交通工程学院. 跨文化交际中的语用失误分析[J]. 长江丛刊，2018 (23).

话语在欧美的英语语境中也可以使用，而英语中常常用来表达歉意这一意思的话语为 sorry、excuse me，这两者在使用层面具有各自不同的含义，前者往往用于向别人表达实质性的歉意，而后者主要用于需要麻烦别人时所使用，而如果将这两者混用，那么英语母语者的受话者就难以清楚地判断对方到底想表达什么样子的意图，从而出现语用失误。

三、跨文化交际中语用失误产生的原因

（一）价值观念不同

中华民族传统造就了中国人谦虚、严谨、法治的思想观念。在中国人的价值观念中，如若两个人关系熟悉且亲密，那么两个人之间是没有距离的，并且可以分享彼此的秘密。"做什么、去哪里……"这些都是打招呼的方式，并没有觉得有什么不妥之处。然而，在西方人的价值观念中，人们崇尚个人权利的不可侵犯性，每个人都是独立的个体，需要个人的隐私空间。有关年龄、工薪、婚姻、家庭及问候等，都是不可以随意打听的，在他们看来这是一种对私生活的侵犯和干涉。中国人对于赞赏从来都是持自谦的态度，过度自谦会让西方人觉得太过于虚伪，他们认为赞赏是对他们个人能力的肯定，从而倾向于接受。西方的老年人不希望被过多关怀，那样会伤害他们的自尊心，被认为是在怀疑他们的能力，"old"在西方人眼中代表的是无能，"尊老爱幼"是中华民族的传统美德，我们经常可以看见路人搀扶老人过马路，公交车上关爱儿童等行为，这些都是构建和谐社会的因素。

（二）思维模式不同

思维模式与文化紧密相关，不同的文化背景会产生不同的思维模式，思维模式影响着每个参与到跨文化交际中的人。处于东方文化圈的人注重整体思考，通过知觉从整体上把握事物的本质和规律，而处于西方文化圈的人则注重从事物的本质出发把握现象。因此，东方人习惯在阐述现象后总结核心内容，而西方人则直接点明交际的主要内容。

（三）风俗习惯不同

风俗习惯是一个国家或民族在长时间的历史发展过程中形成并由人们共同遵守的行为规范，在衣食住行、生产生活、婚丧嫁娶等许多方面都有所体现，是一个国家和民族生活文化的重要组成部分。各民族的风俗习惯都有其特定的表现形式和内容，各族人民对本民族的风俗习惯都有特殊感情，不容许别人侵

犯亵渎。

(四) 道德标准不同

道德标准是指导并约束某一社会群体内人们行为的规范。在跨文化交际中，如果忽视不同民族间不同的道德标准，而以自己民族的标准来衡量其他民族，很可能造成交际失败。中国人将"谦虚"作为一种美德，当别人表扬或者赞美自己，中国人会通过贬低自己来表示谦虚，但是这种谦虚在西方国家的人们看来，是自卑或虚伪的表现，根据他们的道德标准，当被表扬或赞美时，则要积极回应。

(五) 文化负迁移

处于同一文化背景的人，由于交际双方长期处于相同的生活环境，所以在交际时很少表现出文化差异，即使有差异，也只表现在个人知识水平、文化修养等方面。但在跨文化交际中，由于交际双方都受到各自民族文化根深蒂固的影响，所以当本民族文化与外来民族文化矛盾时，人们习惯将两种文化进行对比，并以自己的文化为中心对另一种文化进行批判，产生文化负迁移，造成语用失误。

四、跨文化交际中语用失误的解决策略

(一) 拓展文化背景知识

在课堂上，英语教师需要注重语言知识和文化知识的双重输入。文化背景知识的学习与语言知识的学习是相辅相成的，因为语言的使用是无法脱离文化的，总是与一定的社会文化背景相联系的。如果学生对中西方文化的差异和西方文化习俗的基本常识缺乏了解，在交际中往往会发生语用失误的现象。因此，英语教师需要拓展学生的西方文化背景知识，丰富学生的西方文化习俗基本常识，提高学生对中西文化差异的敏感度。在课堂内外拓展文化背景知识的途径有很多。比如进行文学作品的赏析，既可以拓展学生的阅读面，也可以促进学生对英美国家文化习俗的了解。现今影视作品的题材十分丰富，涵盖了社会生活中的方方面面。学生们在赏析影视作品时，既可以直观地从中感受到真实的语境和地道的英语语音语调，又可以从不同的角度体验英语文化。这些都有助于学生了解不同的价值观和文化习俗。另外，积累英语中的禁忌语和委婉语也十分重要，若在交际中误用禁忌语，会被对方认为是粗鲁、不礼貌的，进而产生误会导致交际失败。

(二) 培养学生的文化移情能力

文化移情能力，是指英语学习者在拥有一定的文化基础上，不受到母语习惯的影响，能够以英语本族人的思维方式进行交流，而不是一味地生搬硬套。历史文化是语言的灵魂，为语言注入了活力。在跨文化交际中，英语学习者应该具有强烈的文化意识，主动并且充分地了解西方文化，包括历史背景、风土人情、语言习惯等一系列的文化知识，不应该只是浅尝辄止，停留在表面的单词语音语法的使用规则上，应该主动探究隐藏在语言中深刻的文化含义，从而可以更好地将这种文化意识运用到文化交际中。同时，我们要尊重每一种语言，学习语言的前提便是充分了解文化，这样才能够具备文化移情的能力。

(三) 明确语言在不同文化中的含义

英语学习者在学习英语的过程中，不可以盲目地进行学习，每一个单词都有特定的意义，应该明确每一个单词的表层及深层含义，不可以在记忆的过程中混淆单词，从而造成语用失误。同时，很显然，语言与文化、文化和语言之间相互渗透。英语学习者应该广泛阅读，并且不断进行文化积累。最有效的途径是多看英文原版书刊，体会语言使用的场景，多看英文电影、美剧等，感悟语言的深层含义，从而进一步明确何时该说，何时不该说，在什么地方应该说什么，对什么人说什么，加强对语用的感悟，有效避免语用失误。

(四) 在实践中提高跨文化交际的能力

实践是检验真理的唯一标准。同样的方式，只有在实践中才能提高跨文化交际的能力。英语学习者可以通过参加各种英语演讲、英语辩论赛、晚会等活动，在活动中进行全英文式交流，有助于提高语言的表达能力。或者利用网络资源，多参与一些中西互动的活动，充分了解西方人的语言表达习惯，在学校多与外教沟通，通过广泛的语言交流，才能明确语言的真正含义及准确地使用语言。英语学习者只有在实践中才能内有效了解语言存在的区别，从而进一步提升跨文化交际能力。

(五) 减少母语的干扰

母语干扰带来的错误是显而易见的。要减少母语的干扰，需要英语教师注重对比分析英语和汉语的差异。特别是分析语言结构、表达方式方面的差异。只有了解母语和英语的不同之处，才能有意识地避免母语的干扰。对于错误频率高的语言点，英语教师要反复强化，引导学生消化吸收这些语言点。在课堂中，英语教师也要尽可能多地使用英语和同学们进行交流，为学生创造英语氛围，引导学生多用英语的思维去思考，多练习用英语来表达自己的想法。

（六）教师应提高对语用失误内容的知识水平

教学不仅要求教师能够敏锐地意识到文化差异学习和教学的重要性，同时也对教师的文化素养和综合能力提出了更高的要求，一方面教师要从传统的教学环境中脱离出来，从语言的文化和实际应用层面来审视和设计新的教学内容，另一方面要求教师能准确敏锐地对中文母语和英语之间的文化细节加以学习和研究，形成有关英语教学的内容。

教师一方面要加强语言的文化背景的学习，另一方面也要培养语言差异的敏感性。这种学习不只局限于对英语的学习，更包括对母语的学习。在课堂上，教师要恰当地对中英文之间存在的差异提出自己的见解，并指出学习和使用这类差异时应注意的问题，同时设置具体的语言应用场景供学生进行练习，在此过程中，一方面要告诉他们合理的语言表述方式，另一方面要对学生在练习中存在的问题及时纠正。

除了基础的听说读写教学之外，教师可以通过学校的多媒体设备和声光电技术加深学生对语用失误的理解，提高学生对文化差异的认知能力。同时，学校可以邀请外籍教师和留学生参与学校的英语口语实践活动，在校园中培养学生利用英语进行自我表达的能力，在真实的跨文化交际实践中加深学生对于上述内容的进一步认识和理解。

（七）积累交流经验

学习一门外语，语言知识固然重要，但是知道在不同语境下如何运用语言也同样重要。跨文化交际中的语用失误大多并不是因为缺少语言知识，而是缺乏语用能力而导致的。而现在的课堂还是更多地倾向于语言知识，轻视语用知识的传授。因此英语教师有必要在课堂中进行语用知识的教学。引导学生正确地认识到母语和英语之间语用规则的异同，在不同的语境中恰当地运用语言，学会从对方的角度看问题，了解对方的意图。

在积累语言理论知识的同时，也要在实践中不断练习。因此，英语教师可以组织一些课内和课外活动，为学生创设真实的语境，比如说定期举办英语沙龙、英语角、角色扮演等互动活动。鼓励学生们踊跃参与到其中，不要害怕开口交流，不断尝试错误，丰富交流经验，在实践中不断提高语用能力。此外，在这些活动中也要充分发挥外教的作用。学生们在与外教互动的过程中，会有意识地模仿外教的语音语调和措辞。外籍教师的参与对丰富学生西方文化常识、提高学生们的跨文化交际能力有很大的帮助。

（八）对比英语与汉语的语用差异

教师要引入更丰富的口语表达和交际实践练习，重点是对英语背后文化相关的表述进行练习，针对两种文化之间差异较大的部分进行重点练习，总结出常见的跨文化交际中的语用失误，如寒暄语的语用失误、称谓的语用失误等。

（九）在教学内容的设置上要遵循客观规律

教师应结合课程大纲和生源的实际情况，完成既定的英语基础教学任务。另外，因为语言是不断发展变化的工具，所以教师在课堂引入英语文化背景因素时要做到与时俱进。

在具体的教育实践中一般认为语言的教学除了传统的词汇、语法的教学内容之外，一定要加入有关语言背后的文化背景的教学内容，这有助于从接触一门新语言的第一时间便引导和教育语言的学习者，认识到语言背后的文化差异，从而更好地学习语言，领会语言的文化知识，避免出现语用失误。

（十）采用多种技术辅助

在大学英语的教学实践中避免语用失误的最好方式是教学理念的革新，教师要紧跟最新的教育教学科研成果，结合学校和学生的实际，对原有的教学理念进行优化升级，开发新的教学方法。同时要将文化差异和文化背景对语用失误的重要性深入浅出地传递给学生，让学生充分认识到在英语的学习中语用失误的重要性，使学生在主观层面加深认识学习能力，将自己所学习到的知识应用在学习实践过程和今后的实际工作中。

利用多媒体和互联网技术避免语用失误也是一个具有创新性和实际效能的举措，这两种技术可以使教师以较低的成本，通过播放影片、播放资料等形式向学生传达母语者在进行某种表述时正确而惯常使用的做法，对于有条件的学校，应该鼓励教师开展自有的语用失误资料库的电子化建设，通过线上的电子教材包使语用失误领域的教学完成均一化的培训和利用。

第三节　跨文化交际背景下大学英语口语教学的策略

一、整理与呈现跨文化交际策略资源

促使学生掌握成功开展跨文化交际的能力，是英语口语教学的重要目标，而将跨文化交际策略渗透到英语口语教学工作当中，则是实现这一目标的必要路径。然而，在当前的英语口语教学实践过程中，各级院校所开展的跨文化交际策略教学工作都呈现出隐性特征。这主要是因为当前大部分的英语教材更为重视理论教学，如词汇教学、语法教学等，而没有能够对跨文化交际策略进行系统性的呈现。虽然教育工作者可以从英语教材中挖掘出与跨文化交际策略相关的内容，但这些内容显然难以满足跨文化交际策略教学发展需求。在此背景下，教师有必要对跨文化交际策略进行系统性的整理与呈现，从而在丰富英语口语教学资源的基础上，为跨文化交际策略教学成效的提升提供支撑。[1] 如英语教师有必要将跨文化交际过程中涉及的中外文化差异以及具体的语言策略、非语言策略进行归纳，并指明不同的跨文化交际策略所具有的不同应用场景，从而促使学生更为简明准确地掌握跨文化交际策略，并提升学生对跨文化交际策略进行应用的能力。另外，在对跨文化交际策略资源进行整理与呈现的过程中，教师需要体现出对学生英语素养基础、口语表达能力所具有的关注，确保教学资料难度与学生学情体现出适应性，从而提升跨文化交际策略资源的利用价值。

二、分析—经验策略

分析—经验这对教学策略也是广大语言教育者关注的焦点之一。分析型教学策略与经验型教学策略的差别在于：前者将外语学习看成基于分析的程序，即外语学习是形式的；后者将外语语言者置于一个真正的交际经验中，即外语学习是功能的。这是两种截然不同的教学方法。分析型教学注重语言项目，即词汇、语法、语篇结构等，其学习目标是习得语言知识，注重语言表达的准确性，强调学习者语言的系统性。随着直接法的出现，经验型教学开始走进课

---

[1] 雷霄. 跨文化交际视域英语教学中的文化导入策略探究 [J]. 昌吉学院学报，2020（04）.

堂，尽管如此，直接法对大量语法项目的处理方式所采用的却同样是分析型策略。

在过去很长一段时间，我国的英语教学中，分析型教学法一直处于主导地位。近年来，随着英语教学改革的进行，经验型的课堂教学得到提倡。笔者认为，应该让经验法走进英语课堂，尤其是英语口语课堂。英语口语教学应该强调语言的交际功能。语言的内部结构固然重要，但是口语教学更应该在实际运用中内化语言结构，培养学生的语言运用能力。比较典型的经验型教学法有交际教学法、浸泡式教学法、自然法等。在英语口语教学中，以语言的实际运用能力为培养目标，通过设计有意义而且可行的口语教学活动，使学生无意识地学习语言、表达自己的见解、合作完成口语学习任务、解决跟生活密切相关的实际问题更能满足当今社会对多元人才的需求。尤其是在多元文化的背景下，要想培养具有跨文化沟通能力的国际型外语人才，更应注重学生的实际语言交际能力。

三、隐性—显性策略

隐性—显性策略也是广大语言教育者关注和争论的焦点之一，英语教学策略可以分为内隐和外显两个层次，内隐层次是心理途径，通过外显途径发挥作用。隐性策略源于行为主义心理学，它把学习看成习惯的养成，强调"刺激—反应—强化"，具体的策略包括隐形听说技巧，如重复、句型强化、语音模仿等；体验型教学技巧，如设计教学活动将学生引向话题等；创造感受性状态，如催眠法、暗示法等。①

显性教学策略，是指有意识的教学方式，如直接法、翻译教学法。它所采用的是认知方面的技巧，将语言学习看作一种认知发展过程，注重分析和推理。具体技巧如观察所学习语言的特征、抽象概念的习得、对语法的归纳、辨别语言错误等。涉及隐性—显性策略这一维度，教师在英语课堂中的教学方法是不一样的，这源于教师的教学观。比如，一些教师认为语言学习是一种认知过程，他们便自然而然地使用显性教学策略，减轻学生认知方面的压力，促进语言课程中认知目标的达成。在英语口语教学中，隐性教学策略与显性教学策略应该并重，过分强调任何一方都不利于英语口语的教学。

四、创设跨文化口语交际环境

教师应当在大学英语口语课堂教学中合理设置相关语境，并结合恰当的教

---

① 张帅. 多元文化背景下英语口语教学探讨［J］. 现代交际，2018（2）.

学方法，引导大学生将相应的文化因素应用到语境中，进而开展各种口语训练活动，提升大学生的口语交际能力。此外，大学英语口语教学还应当选取合适的教材。当前，许多高校采用的英语口语教材都过于重视语言知识，对英语国家背景文化的内容很少涉及。所以，教师应当在教学过程中补充相关的文化材料，补充的材料不仅要包含相关的语言知识，还应当包含跨文化交际知识。然后，教师还应当根据材料和教材营造丰富的跨文化交际环境，鼓励大学生在这些丰富多样的语境中，自觉参与口语锻炼。

五、丰富课外口语活动

当前，我国大部分大学口语教学的课时都相对较少，且在教学方法、教学过程、教学时间等方面都或多或少地存在问题。所以，仅仅依靠课堂教学时间，很难有效提升大学生的口语交际能力。这就要求大学英语教师要在课外活动中引导学生自觉培养自身的跨文化意识。鼓励学生利用课余时间定期开展各种口语交际活动，并组织学生参加相关的英语文化知识讲座，邀请外籍教师或留学生介绍英语国家的风俗文化。除此之外，高校还可以举办英语音乐欣赏会或观看英语影片，以便帮助大学生了解更多的西方工作、生活、学习、感情等方面的知识，加强对英语文化的理解。同时，还可以组织英语辩论赛、演讲赛，将口语锻炼与文化学习有机结合在一起。

六、课堂渗透文化背景知识

在学习英语口语时，教师需要让学生在课堂上保持轻松愉悦的心情，为学生营造良好的语言学习氛围，让学生更加积极主动地学习，鼓励学生主动使用英语进行交流，从而提升课堂教学的效果。什么样的英语口语课堂内容才能更好地提升学生的英语口语能力呢？目前在英语口语课堂中会涉及很多的西方节日，不过教师都不会详细地介绍，因此学生无法很好地了解这些节日的相关知识，包括节日的由来以及相关庆祝方式等。通常情况下这些都属于基本的西方文化背景知识，但是学生却对此没有很好的认识。针对这些问题，我们以教授英语口语课的方式给出了相应的方法，英语口语课堂的目的就是让学生能够在实际生活中更好地应用英语口语，可以很好地进行语句的表达。学生应该知道在什么情况下使用什么语言，而且要保证语言使用得体。在英语口语课堂教学过程中，教师可以给学生讲授一些与外国节日有关的内容，告诉他们节日的由来以及相关历史发展过程等。就拿万圣节来说，在课堂教学的过程中教师应该熟练应用相关的多媒体设备进行情景的创设，根据西方万圣节的特点对教室进行相应的装扮,从而营造出真实的万圣节节日氛围。同时,教师应该加入一些比较有趣的游戏,包括让学生们动手制作南瓜灯,应用饰品把自己装扮起来等。

英语口语课堂应该具有轻松愉悦的英语学习环境,学生在快乐的氛围中才能放松自我,大胆开口说英语,这样才能达到口语课堂的目的。哪些英语口语课堂内容有利于提高学生的英语口语能力呢?在现今的英语口语课堂中,教师通常会介绍一些西方节日,但是都是泛泛而谈,学生对节日背景知识没有较为深刻的认知,对于这些与西方文化背景紧密相连的常识,学生没有形成一定的文化认知。英语口语课堂就是让学生会使用与实际生活联系十分紧密的、地道、简单的英语来表达语句。学生懂得什么时候、什么情景用什么语句,并且知晓语句的使用是否得体。简言之就是学生知晓什么该说、什么不该说、什么时候说好以及怎么表达才得体。

七、借助多媒体教学手段

随着科学技术的迅猛发展,网络遍及各地。英语学习者,利用好网络非常有助于教学活动的开展。教师可以利用网络找出异国的文化材料,再结合多媒体技术展现给学生。当前,随着互联网科技的快速发展,学校在教育教学这方面也与时俱进地采用网络多媒体来辅助教师的授课。学生应用网络进行学习是非常必要的。教师应用网络来查询各个国家的相关文化材料等,再应用多媒体技术来呈现给学生。教师在进行教学文化材料的选择过程中需要重视筛选相关文化材料,比如可以选择西方的感恩节,在进行感恩节相关活动介绍的过程中,教师可以从网上找一些真实的音频资料呈现给学生,这样学生可以很好地了解西方文化。

八、对跨文化交际策略应用工作进行评估

在英语口语教学工中,对跨文化交际策略进行应用具有重要意义。在此过程中,教师不仅需要重视探索跨文化交际策略在英语口语教学中的应用方式,而且也需要重视围绕跨文化交际策略应用工作构建起完善的评估体系。这项工作的开展,能够促使教师与学生更好地发现跨文化交际策略应用过程中存在的问题与不足,从而有针对性地对跨文化交际策略应用过程进行优化,进而有效提升学生对跨文化交际策略的理解与掌握程度。具体而言,在围绕跨文化交际策略应用工作开展评估的过程中,教师需要以口语教学中跨文化交际策略应用工作目标为依据,并通过对这一目标进行细分,来完善跨文化交际策略应用工作评估指标体系。在评估内容方面，教师既需要了解学生对跨文化交际策略的理解与掌握状况，而且也有必要引导学生对教学过程中使用的教学模式、教学方法等进行评价，从而促使跨文化交际策略应用及其评估展现出对学生满意度的关注与重视程度。在评估方法方面，包含理论测试、实践考评以及评教工作，从不同的角度对跨文化交际策略应用工作成效做出考量与呈现，确保评估工作能够对教学实际做出全面反映。

第四节　大学英语口语教学与跨文化交际能力的培养

一、跨文化交际能力解读

（一）跨文化交际能力的内涵

跨文化交际能力（Intercultural Communicative Competence）指的是根据不同文化背景的语言交际者的习惯，得体地、合适地使用语言的能力。跨文化交际能力的模式将跨文化交际能力分为交际能力和跨文化能力，交际能力包括语言能力，语用能力和策略能力；跨文化交际能力包括对文化差异的敏感性、宽容性和灵活性。外语学习者的跨文化能力在很大程度上影响着其交际能力的发展，尤其表现在跨文化交际活动的语用能力和策略能力的恰当运用上。

（二）跨文化交际能力的构成

1. 言语交际能力

在跨文化交际能力中，言语交际能力是其基础与核心部分，主要包括以下几方面的内容。

（1）语法知识。
（2）语言概念意义和文化内涵意义的了解与运用能力。
（3）语言运用的正确性。
（4）语言运用的得体性

言语交际能力并不单单指交际者具备扎实的语言知识，还要求交际者能够根据具体的交际语境来使用语言知识。

2. 非言语交际能力

非言语交际能力在交际行为中也有着重要的影响，能够辅助言语交际的进行，对于交际问题与障碍问题的解读也大有裨益。具体来说，非言语交际能力指的是言语交际之外的一切交际行为与方式。由于跨文化交际的进行，非言语交际的作用越发为人们所了解，因此，目前相关学者十分重视非言语交际。

3. 语言规则和交际规则的转化能力

语言规则指的是包括语音、词汇、语法规则体系。而交际规则指的是指导人们相互交往的行为准则，萨莫瓦和波特将其定义为后天习得的行为方式，也称为组织人们之间相互交往的规则，指导的是包括语言交际在内的一切交际行为，强烈的文化特性是交际规则的显著特点。

交际受到语言规则和交际规则的双重制约。交际规则是不同文化的历史积淀，文化不同交际规则也不尽相同。学习跨文化交际技能时语言规则的转化至关重要。除此之外，还要学习交际规则的转化。也就是说培养跨文化交际技能需要学习两种规则的转化，要培养两种规则的转化能力，在国际交往中还要学会国际交往的规则。

在跨文化环境中进行交际需要运用外语，有的时候也通过翻译，母语与目的语之间的规则总在不断转化之中。但交际规则的转化更为重要，而且也更为困难。在跨文化交际中，交际规则最根本的特点是规范跨文化语境中的交际行为和方式，解决在跨文化交际中正确而又得体地处理风俗习惯、行为准则、思维方式、价值观念等诸多方面的文化差异的干扰和文化冲突问题。

4. 跨文化适应能力

跨文化适应能力指的是交际双方对对方文化的适应能力。在跨文化交际实践中，跨文化适应能力的表现具体包括以下几种情况。

（1）能够克服文化休克障碍。

（2）能够正确认识和了解跨文化交际对象。

（3）在交际中能够调整自身的行为方式、交际规则。

（4）能够适应新的交际环境，并能在其中展开生活、工作与交际。

（5）能够被新的文化交际环境所接受。

二、大学英语口语教学中培养学生跨文化交际能力的重要性

跨文化交际能力的培养，不仅是为学生讲解国外与国内文化的差异，让学生明白差异并做好学习与运用，进而站在全局高度对国内外文化知识进行融会教学，提高学生的国际视野和文化包容度。在发扬和传承祖国优秀文化的基础上不盲目抵触异国文化，尊重各民族的风俗习惯等，在有效克制文化背景差异的状况下迅速建立交际关系，解决潜在交际问题。

(一) 是提升英语口语学习效果的重要途径

英语口语教学是一项十分重要的工作，其目的在于提升学生的英语沟通交流能力，促进学生更好地运用英语。但是现实中很多教师在教学的过程中，仅仅注重学生的阅读与背诵能力，引导学生用英语进行沟通与交流，却并不注重跨文化知识的学习。这样一来，导致学生在学习英语课程的时候对其中与国外文化有关的知识缺乏足够理解，对其他文化族群的沟通方式以及处事行为等都不甚了解，无法深化其对英语知识的有效运用。即便是用来沟通，也很难达到理想的效果。而如果教师能够注重跨文化知识的讲解，提升学生的跨文化意识，拓宽学生的跨文化视野，那么学生就能够更加深入地了解教材中与口语交际有关的文化差异，从而能够更好地用英语进行交流，促进整体口语学习效果的提升。

(二) 是迎合时代发展趋势的重要途径

当前随着时代的快速发展，全球一体化的迅速推进，国与国之间的交流与沟通更为密切。随着我国"一带一路"倡议的提出与实施，国际交流更为频繁，这也预示着英语学习重要性的进一步提高。大学生是国家的希望和栋梁，也是我国未来市场经济中的高层次知识分子，他们的能力代表着国家的实力。因此，加强英语口语教学，提升学生的英语沟通与运用能力显得更为紧迫。而英语沟通与国际交流的开展离不开跨文化交际，只有多为学生传输跨文化知识，提升学生的跨文化交际能力，才能够使学生更好地对英语语言进行运用，减少国际交流过程中不必要的尴尬、麻烦，甚至冲突，更好地服务于我国的国际化建设与发展。因此，在大学英语口语教学中加强学生跨文化交际能力的培养是迎合时代发展趋势的重要途径。

三、跨文化交际能力在大学英语口语教学中的培养策略

(一) 明确跨文化知识学习的重要性

大学英语口语教学中要想更好地提升学生的跨文化交际能力，首先需要教师做好引导工作，使学生了解跨文化学习的重要性，从整体上提升其对跨文化学习的重视水平。很多大学生对英语学习并没有做出系统规划，并不明确何为英语学习的重点，以及何为跨文化学习，其意义何在等。这就要求教师要结合不同学生的具体情况，采用不同的沟通方法来对其进行相应引导，让学生对英语课程体系有一个较为系统的认识，明白哪些内容是重点。同时还要帮助学生

理解为何要重视跨文化学习，其对于以后的英语沟通与交流会起到哪些作用，对个人与社会的长远发展有何帮助等。教师还可以借助多媒体手段，为学生播放一些跨文化交际有关的视频，让学生体会国内外文化差异在实际沟通中会导致的种种问题等，以深化学生对跨文化学习重要性的认识，从而主动学习、高效学习。[①]

（二）选择合适的教材

目前大部分高校的英语口语教材都过多地强调语言知识的积累，而忽略了对文化背景知识和文化差异的介绍，导致了学生在交际过程中语言应用能力不足。在口语教材的使用上可以采取固定教材与补充资料相结合的方法。补充资料尽可能既包含语言知识的传授又包含跨文化交际中的文化背景知识和文化差异的介绍。比如在学习英语订餐就餐的英语口语时，老师可以适当向学生介绍中西方的饮食差异，西方餐桌礼仪文化，并鼓励学生创造模拟场景进行口语对话的编排，这种练习可以使学生身临其境地掌握不同场景的语言对话，一旦在以后的学习生活中碰到这样的场景，学生也可以从容应对。老师在教学设计中，必须有意识地将语言教学与文化教学相结合。

（三）充分利用多媒体辅助教学

多媒体信息量大和速度快的特点可以帮助老师传递大量的信息，通过语言、画面、声音的结合，一些传统教学无法表达的内容可以更完美地被展现出来。教师应该多收集整理有关西方文化方面的资料来扩充课堂的容量，同时可以拓展跨文化交际的知识。听是获取信息、语言的重要方式，大量的听力训练是培养学生语感的重要途径，所听内容的深度和广度直接影响学生的口语交际能力。教师应充分利用多媒体及互联网为学生创造一个视觉冲击力和听觉感染力相结合的环境，使学生在观看画面的同时可以进行听力训练，这样的教学过程也会更加形象生动。例如，可以选取一些内容涉及就餐、看病、购物、就医、旅行等西方日常生活的短片让学生观看，这样学生能直观地体会一些真实场景，加深对西方人文化生活的理解，同时还可以提高英语听说能力。

（四）重视非语言交际能力的培养

非语言交际是一种重要的交际方式，是在特定的情景或语境中使用非语言行为交流和理解信息的过程，它们不是真正的语言单位，但在生活和交际中有

[①] 包松涛. 大学英语口语教学中学生跨文化交际能力的培养策略［J］. 科教导刊，2020（15）.

时候却能表达出比语言更强烈的含义。中西文化背景下的非语言文化内涵差异非常大，例如，中国人信奉"沉默是金"，认为沉默里含有丰富的信息，甚至"此时无声胜有声"，而英语国家的人对此颇感不舒服。在谈话时，美国人低头或手下垂、眼皮垂下表示想结束交谈；摩擦鼻子表示不同意对方的观点或拒绝某物；微笑表示友好、快乐、满意；耸肩膀表示不知道、不在乎；大拇指朝下表示太糟糕了。一些非语言行为在不同文化背景下往往表示不同的含义，在跨文化交际中必须加以重视，以达到成功交流的目的。

（五）第二课堂丰富文化教学

我国大多数高校外语教学课堂普遍存在班级人数众多，学生口语练习机会较少的问题。很多学生不能在课堂上得到很好的口语练习机会，这大大降低了学生参与口语练习的兴趣和积极性。教师应鼓励学生充分利用课堂以外的多种口语交际环境，多与外籍教师或友人进行沟通交流。在此过程中，学生既练习了发音和听力，又学会了如何更好地与他人进行沟通交流。同时，实际的沟通交流也能增强学生英语思维的习惯。另外，学校可以利用学生的课余时间，定期或不定期地组织一些英语文化知识讲座，邀请学校留学归国的教师或外籍教师来介绍一些文化习俗方面的知识。鼓励学生积极参加学校里的英语角、英语辩论赛、英语讲座等多种课外活动。同时教师也可以引导学生利用课后时间广泛阅读西方文学作品或欣赏外国影片，文学作品或电影的内容本身就是文化某个侧面的缩影，它们不但可以提供反映文化的生活及社会场景，还有助于让学生更多地了解英语国家人们的学习、生活、爱情、工作等方面的状况，更真切地去感受西方文化。例如电影《阿甘正传》就是一部美国近代历史的缩影，学生通过观赏影片，可以了解美国的黑人民权运动、越南战争、肯尼迪遇刺、尼克松访华等重大历史事件以及美国当时的时代风貌。

第六章　大学英语口语教学与微平台建设

随着信息技术与大学英语教学的优化整合，微信、微博等应用平台能借助网络发送文字、图片、语音、视频等资源，不但更新快、回复快，而且"声情并茂"，即视感强。线上微平台在大学英语口语教学中的应用，能有效解决一些教学困境。本章将主要从微信、微博、微课、微视频等微平台入手，研究大学英语口语教学。

第一节　微信

一、微信的特点

微信（we chat）是腾讯公司于 2011 年 1 月推出的一个为智能终端提供即时通讯服务的免费应用程序。随着智能手机的普及，使用微信的用户逐年呈上升趋势。微信支持跨通信运营商、跨操作系统平台通过网络快速发送语音短信、视频、图片和文字，只需要消耗少量的网络流量。微信以其强大的社交功能正逐渐超越 QQ、微博等成为人们最重要的网络学习社交工具。由于微信自身具有即时性和交互性等特点，可以为大学生提供良好的英语学习环境，为大学生提高口语交际能力提供时间和空间上的保证。

微信已成为受众最多的实时通信软件。[1] 由于广泛普及，尤其是年轻一代更是最主要的受众群体。其主要特点有：

（1）操作便捷。微信是手机终端的应用软件，功能分区明确，没有复杂的操作流程。

---

[1] 张东平. 求索［M］. 上海：复旦大学出版社，2020：218.

（2）交互实时性。微信主要是以移动终端为主，内容比较精炼，相较网络教学平台和 QQ、微博等社交软件是基于 PC 端，微信移动即时通信可以随时地进行交流互动，且实时显示对方的实时输入状态。

二、基于微信的大学英语口语教学的优势

（一）增加课堂教学趣味性

在传统的大学英语口语课堂中，教师的教学手段极其单一，往往就是教师在台上滔滔不绝地讲解，学生在台下被动地聆听，甚至有的昏昏欲睡，更别说主动参与讨论了。另外，因受客观因素的制约，大学英语口语教学中往往采用传统的黑板教学，这远远不能适应现代英语口语教学的要求。而微信作为现代化的免费应用程序，图片和小视频的传输，再加上语音功能，大大提高了学生对英语口语学习的兴趣，从而使他们积极主动地参与到课堂口语练习中。

（二）增强教学效果

大学课堂是教师教学与学生学习的重要场所，但这不利于重点知识的巩固，特别是对于英语口语这样需要加强训练的课程来说更为不利。而微信不仅能安装在智能手机上，还能安装在电脑上，能够实现学生随时随地进行英语口语练习的目的，同时微信的群聊功能为学生课后进行口语练习提供了一个良好的学习平台。学生可以通过这一平台互相交流自己的学习心得，相互讨论口语练习过程中遇到的问题，教师则可以通过这一平台对学生的学习进行监督和拓展课外知识，从而提高教学效果。

（三）增强学生自信心

传统的英语教学只注重知识点和语法的掌握程度，绝大多数都忽视了口语练习，从而导致学生进入大学后，在大学英语口语课堂上不敢说话，生怕自己发音不准被同学们笑话，表现得极不自信，甚至有的学生还存在焦虑感，课堂参与度极低，只有一部分热爱英语或者英语基础比较好的学生能够和教师进行交流互动。这样虽然有利于一部分学生口语水平的提高，但是长久来看，不利于学生自信心的培养。而微信中的即时语音功能不仅赋予了学生平等说话的权利，还由于网络的虚拟性拉开了讲述者和倾听者的距离，让学生在愉快、亲切的环境中进行练习，并通过"一对多""多对多"的教学方式，使学生不再"失声"，缓解了学生的恐惧感，对自信心的培养有良好的促进作用。

（四）丰富课堂形式

传统的大学英语口语教学过程中过多地注重语法的使用，而忽视了相关知识的拓展。微信的出现，不仅解决了英语口语教学中对硬件要求高的问题，还因微信具有上传图片、视频播放等功能，使部分学生可以根据自身的喜好，寻找与兴趣相关的知识，丰富自己的知识面，避免信息源的单一化，形成了广泛的信息源，同时因为微信话题具有很强的时效性，弥补了教材不能紧跟时代步伐的缺陷。另外，微信可以调动多个感官，并通过相互协调和刺激，提高学习效果。丰富的教学手段可以有效帮助学生巩固已有知识，并在此基础上学习新知识，为他们走出校园进入社会奠定了一定的基础。

三、微信在大学英语口语教学中的功能

作为一款广受欢迎的手机聊天软件，微信所具有的一些基本功能使其完全可以应用于大学英语口语教学中，起到必要的辅助作用。

（一）聊天功能

作为一个通信平台，聊天功能是微信的最基本功能同时也是核心功能，[①]用户可以发送文字、语音、图片、视频和音频信息与好友进行交流。聊天功能支持二人对话（私聊）和多人群聊，聊天记录可保存。学生可以通过对讲功能将学习过程出现的问题以私信的形式向教师请教，同时教师也可以提供及时、有效的解决方案。

群聊功能可以通过两种方式实现：一是教师以教学班级为单位建立微信群。教师在群内发布口语话题并组织学生展开英语讨论，或就某一问题做统一解答。讨论过程要求学生畅所欲言，用英语阐述观点。表达有困难者可以线下查询，这样，在一定程度上减少了出错概率，减轻了学生的焦虑感，提高了其英语学习的自信心。二是学生自由组建学习小组，并设组内微信群以进行讨论、交流。学生相互监督、鼓励，共同面对、解决学习中的困难和问题，共同进步。

微信聊天这种交流方式，一方面突破了时空影响和教室布局的限制，将大学英语口语教学延伸至课外，另一方面使师生间、生生间深层次、多方面的交流与沟通成为可能。这样一来，教师不仅可以及时发现并解决学生学习中的问题，找出口语教学中的共性问题，从而及时调整教学进度、方法、内容等，以

---

① 魏微. 大学英语教学基础理论与实践研究［M］. 长春：吉林人民出版社，2020：120.

提高课堂英语口语教学效果。同时，微信交流与互动还增进了师生间的相互了解与信任，有效弥补了当前英语口语课堂教学中互动的不足，激发了学生的学习兴趣，进而提高了教学质量。

(二) 实时对讲功能

这一功能是微信的最大优势所在。实时对讲功能既可以营造真实的口语交流环境，使师生、生生间能够进行即时语音聊天、交流互动，又可以缓解面对面交流的紧张和焦虑。

(三) 朋友圈

微信用户与其微信好友共同形成了一个朋友圈，用户可以发表文字、图片等信息及链接到其朋友圈，好友之间可以进行资源的分享、评论和交流。具体到口语学习方面，朋友圈可用于信息推送、作业布置、答案提交或资源分享，教师应鼓励和支持学生用英文在朋友圈进行互动，以创设真实自然的语境，打造全方位的自主学习平台。

(四) 微信公众平台

微信公众平台是时下流行的信息交流平台，用户可以设立一个微信公众号，以分享和交流信息。目前，微信平台上有许多有关英语学习的微信公众号，学生可以根据其兴趣，选择喜欢的英语学习资源进行关注，开启学习之旅。教师也可以申请自己的微信公众号，根据需要，定期推送多媒体资源，有效补充课后学习内容、引导学生自主学习。

四、大学英语口语教学中微信平台的建设

(一) 教学活动的分析和准备工作

根据整体英语教学规划的部署进程结合以往教学活动的经验，科学分析并制定实践教学活动中的教学计划。教学内容应以学生为主体，教师为导向的核心原则制定，结合多媒体网络资源与现代信息技术的应用，有针对性地把微信功能融入教学内容中。

教师在科学合理地制定教学内容规划后及目标后，还需要分析了解学生对英语口语掌握的程度以及进行提高所需要的条件。检验教学内容阶段计划实施情况，根据学生个人特性及理论知识掌握程度，将教学活动实践规划分层次地与学生个性情况对接。实现每个学生都能融入教学内容的整体教学部署。最后根据不同进度的学生建立相应的考核检验标准。帮助学生客观真实地认识自己在学习当中的进展情况和优缺点。

(二)将微信应用落实到实际的教学活动中

微信辅助教学活动应围绕基本的课堂教学活动设立，在整体教学体系计划中为辅助英语口语课堂教学实践活动而展开，来弥补英语课堂教学在空间交流上的局限性。以下将介绍具体在实践中的实施过程。

第一，根据微信媒体多维度交流的特点，教师将课堂教学的内容及所需的教学资料等相关信息在群体交流平台进行发放。学生通过媒体了解和得到所需的资源，并在教学课堂上恰当运用这些资源。利用微信平台学生可以自主地进行对资料的收集、整理以及课前预习。

第二，在教学活动结束后，学生在微信媒体平台上可以自由地对教学资源进行复习，以及就课堂教学成果向教师进行反馈。针对关于教学内容的不同理解和不同意见，学生可以在微信媒体平台向教师求教，在不受空间和时间限制的情况下，学生自由地得到教师的引导和帮助。微信媒体平台的语音沟通方式特点，在这样的课前课后教学实践当中为大学生的英语口语练习使用提供了有效的实现方式。

第三，在课外实践活动方面为学生提供多样性的帮助。微信传播平台有视频和音频交流的特殊传播优势，教师在教学内容的规划上为学生设计丰富的课外实践活动内容。如：英语口语内容交流会、英语口语演讲比赛等多种类活动，并在其实践过程中教师为学生提供全面性的指导。在英语口语教学内容得到实践练习的同时，学生的自主创新与结合实际的能力也得到了有效锻炼。

(三)建立科学合理的微信辅助教学体系

最大化地利用微信传播平台辅助英语口语教学工作，需要建立科学合理且完善的微信辅助教学体系。这种成熟的教学体系的建立应从教师组织管理工作，鼓励措施和客观教学评价体制方向着手。

1. 制定组织管理工作的规范与实施

完善组织管理工作能够更好更合理地发挥微信传播平台的作用，需要组建专业的微信传播管理团队，实现规范化的专业化的传播把控。并对相关辅助教学活动进行科学的策划、制定。及时对微信群、微信公众号等教学信息进行实时更新，确保微信传播平台整体运行得合理有效。

2. 制定教学活动相关的鼓励措施

全面素质教育的核心要求提高人才的综合素质，而提高人才综合素质的重要方式是激发学生的自主性与积极性。合理恰当的鼓励措施能够激发学生对于英语口语教学内容的自发学习性，并在学习方向上给予学生正确的指引。

3. 完善系统的评估评价体制

做好对学生整体素质的评估与评价，衡量学生在教学内容认知方面的进展程度。

第二节　微博

一、微博的含义

微博的定义，学术界没有统一定论。一般地，我们认为，微博是一种通过关注机制分享简短实时信息的广播式的社交网络平台。[①] 其中包括五个方面的理解：(1) 关注机制，可单向可双向；(2) 简短内容；(3) 实时信息，最新实时信息；(4) 广播式，公开信息，谁都可以浏览；(5) 社交网络平台，把微博归为社交网络。微博是 Web2.0 时代兴起的一种集成化、开放化的网络交际服务，是一个基于用户关系的信息分享、传播以及获取平台。微博让用户通过手机、IM 软件和外部接口等途径，即时向外发布字符一般在几百字以内的文本信息，随时随地把情绪、观点等用文字、图片、动画、视频等多媒体形式向网站发布，也可以通过评论、转发、私信等方式关注其他用户的信息，从而获取信息，参与互动。

微博这一概念译自英文单词 Micro-blogging，是博客的一种变体，用户可以通过手机、IM（如 QQ、MSN 等）、Email、Web 等方式向个人微博客发布短消息，文本内容通常限制在几百字符之内。但微博是基于用户关系的信息分享、传播以及获取信息的平台，用户可以将看到的、听到的、想到的事情写成一句话，或发一张图片，通过电脑或者手机随时随地分享给朋友，一起分享、讨论；还可以关注朋友，即时看到朋友所发布的信息。

微博是微博客的简称，是一个为网络用户以简短文本的形式提供信息分享、信息传播以及信息获取的平台。这些信息通过手机短信、即时通信软件（如 QQ、MSN、飞信等）、电子邮件以及 Web、WAP 等各种客户端发布和更新信息。总之，微博是一种依赖网络终端和无线网络，用户能够通过一定限制的

[①] 卢星辰，伍戈，孟杨. 新媒体营销与运营 [M]. 石家庄：河北科学技术出版社，2022：18.

文字、图片、音频、视频等多种方式实现获取、分享和传递信息的新型网络传播工具。

二、微博的功能与特点

（一）微博的功能

1. 接收与发布信息

微博通过多种形式发布信息，如文字、图片、视频、链接等。微博是一个自媒体，企业、媒体、明星、草根都能通过微博发布即时信息。每一个微博客主可以按照自己的认知、兴趣和目的去搜索和关注不同的信息。

2. 零散时间的管理

由于城市快节奏的生活，一方面，人们花时间构思并写作一长篇的博客文章的时间大大减少；另一方面，人们在上下班途中、上班空闲时间、午餐时间，甚至看电视时都可以将自己的想法通过一句话写出来。借助手机客户端这一有利的渠道，微博能最大限度地帮助人们利用闲散时间制造信息，令更多的信息有机会进入发布与交流的渠道。

3. 社交工具

微博是一种典型的社会化媒体，是一种社交工具。[①] 通过发布信息、接受并转发他人信息和关注他人，微博可以形成一个交流圈。微博交流产生的流量集中在关注群与粉丝群的互动，而这种互动的形式是背对脸式的。当你的微博被评论时，你可以选择回复也可以选择不回复。

（二）微博的特点

1. 简洁性

微博的字数一般在几百字以内，当人们没有足够的时间和兴趣读完长篇的博文时，简短的表达便成了良好的替代。

2. 及时性

微博上关注的信息一般都是及时的、正在发生的。一些大的突发事件或引起全球关注的大事，如果有"微博"在场，利用各种手段在"微博"上发表出来，其实时性、现场感以及快捷性，甚至超过所有媒体。微博的及时性要求其发布的信息最好是近期的。

---

① 张晋朝. 信息需求调节下社会化媒体用户学术信息搜寻行为研究 [M]. 武汉：武汉大学出版社，2020：37.

3. 移动性

人们和手机在一起的时间大大高于和 PC 在一起的时间。微博的优势就在于能够将 PC 平台和手机平台无缝链接，不需要培养用户，手机自然成为首选平台。

三、微博对大学英语口语教学的重要作用

微博在我国大学生当中应用已经非常普遍，由于微博具有信息便捷迅速的特点和适用于教育平台的人性化强大功能，方便了大学生之间和学生与英语教师之间的沟通、交流，因此被大学英语口语教学采用。这不仅促进了微博在大学英语口语中的应用，还广受英语系大学生的喜爱，在加强大学英语口语教学的时效性、互动性和趣味性方面具有重要作用。

（一）激发大学生学习英语口语的兴趣，提高效率

微博是一种新型社交网络软件，交流是它永恒不变的主题。将微博应用于大学英语口语教学工作中，可以打破传统英语口语课堂教学带来的学习局限，实现了大学生随时随地、随心所欲地进行英语口语训练、学习的愿望。同时微博还可以加强英语教师与学生之间的沟通，当学生学习口语遇到困难、问题时，可以随时向英语教师寻求帮助。因此微博的应用，不仅激发了大学生学习英语口语的兴趣，还提高了大学生学习英语口语的效率，对大学英语口语教学具有重要作用。

（二）营造良好环境氛围，提升大学生学习信心

目前，我国大学生学习英语口语还处在大部分大学生存在不敢说、说不好、不能说的现象，这是因为传统大学英语口语教学缺乏良好的学习英语口语的环境，学生不能随时随地学习英语口语，不能随心所欲地练习英语口语。在这种环境下，大学生更加不敢随便开口练习口语，久而久之形成恶性循环，致使大学生的英语口语水平难以提高。通过微博，英语教师与学生交流可以避免面对面产生的紧张心理，大学生可以放下心理包袱大胆开口讲英语。因此微博在为大学英语口语教学营造良好学习环境氛围，提升学生自信心方面具有重要作用。

（三）建立师生平等教学新模式

英语教师可以利用微博建立专属微博大学英语口语教育平台，在这个平台上充分尊重学生，与学生建立友好平等的亦师亦友关系，取得学生的信任，在

应用微博平台进行英语口语教学的过程中，让大学生感受到教师是自己的朋友而不是威严的管理者，通过这种方式，学生更加愿意与英语教师交流沟通，积极主动参与到英语教师建立的平台中学习。

（四）丰富英语口语教学渠道

微博是整合文字、图片、语音、视频和超链接的多媒体平台，在大学英语口语教学中运用微博，可以丰富学生学习英语口语的渠道，有利于调动大学生所有感官学习英语口语，优化大学英语口语学习方式，与此同时还可以通过微博拓宽大学生的视野，实现大学生英语口语的全面发展。

四、将微博引入大学英语口语教学的有效策略

（一）教学准备环节

在正式实施微博教学之前，首先应当使学生对微博有一个系统的了解。虽然现如今多数的大学生，都已经十分清楚微博用法，但仍有一部分学生在之前并未使用过，所以需要教师对其进行一定的指导。首先，教师应当教给学生如何创建自己的微博账户，起一个昵称，填一些基本的个人资料；其次，使学生了解如何将自己感兴趣的博主加为好友，设置关注，如何查看自己的粉丝；再次，便是如何利用微博搜索引擎查找到想关注的博主或是感兴趣的消息，如何通过转发、点赞、收藏将这些内容保存在自己的账户里。

除此之外，教师还可以创建一个微博群，并关注全班同学，当教师在微博上看到值得学习的内容时，便可以借助微博群将其发送给学生，使学生都能有所收获。而当学生发现一些较为重要的信息时，也可以利用微博群来实现资源共享，进而逐渐形成一个良好和谐的学习氛围。

（二）组织教学活动

1. 布置课后作业

由于大学课堂时间有限，管理较为松弛，且许多大学生自由散漫，导致他们在课后常常玩手机、打游戏，不仅耽误了学习，同时也荒废了时间。因此，教师便可以在课后适当地为学生布置一些课后作业，但需要注意的一点便是，作业内容不仅要有一定的趣味性，符合大学生的身心发展规律，还应当避免是书本形式，防止学生之间互相抄袭。例如，在每周的周末，教师可以选择一篇比较适合大学生阅读的英文文章，让学生利用空闲时间熟读并且掌握其内涵，在上课时，再由教师提问，随机让学生读取一部分，这对学生既是一个检验，

也有助于教师了解学生的口语水平,因材施教。

2. 利用微博答疑

由于大学课程相对而言较少,且没有学生固定的教室,许多学生和教师在下课后便离开教学楼,与老师也几乎是只有在课堂上才能够接触到。而在课后学习时,即便产生了疑问,也无法马上向老师询问,容易对学习效果造成不利的影响。对此,微博教学的作用便十分明显了。无论在何时何地,当学生遇到不懂的地方,都可以通过微博向老师提问,而人民教师也应秉持着负责任的心态,在看到后将答案第一时间反馈给学生,帮助学生更有效地学习,不仅如此,教师还应当教给学生如何利用微博查找相关答案,鼓励学生自己寻找,进而帮助学生养成良好的学习习惯,提高教学质量。

(三) 树立学生安全保护意识

微博是一把"双刃剑",[①] 在给人们带来便利的同时,也蕴藏了许多的安全隐患。因此,教师在课前应当叮嘱学生,尤其是之前不使用微博的学生:不要将联系方式、住址告诉陌生人;也不要将自己的资料填写得过于详细;当有陌生人需要转账时,一定不要同意,即便是身边的同学、朋友需要转账,都要先与本人进行核实,确认无误后再执行操作,以此来尽可能地保障学生的个人权益不受侵害。不仅如此,网络上有许多的消息都是虚假的,学生在阅读时,不要盲目相信、传播,注意提高自己的安全意识。

(四) 其他策略

1 建立聚焦的关注对象,形成清晰的微博记录

教师或学生最好通过新申请的微博账号来组建微博班级,教师账号仅关注本班的所有学生,并与学生形成相关关注,以便清晰地呈现学生及班级的微博活动,不被外界纷杂的微博信息、广告宣传等干扰。

2. 设计清晰的操作规范,建立良好的交流模式

在微博平台中可以开展多元化的教学活动,如师生互动、生生互助等活动。但在开展这些活动之前,需要设计一套清晰的操作规范,并对学生进行培训,否则,容易造成混乱。如开展话题讨论时,若混合采用@某人、评论、聊天等各种手段,将形成无序的交流局面。

---

① 薛可. 互联网群体传播:理论、机制与实证研究 [M]. 上海:上海交通大学出版社,2022:208.

3. 采用匿名交流方式，扩大交流活动半径

以往开展课内外英语活动时，学生一般仅限于小组内或寝室内交流或合作，交流范围过窄。因此，在微博平台中，建议仅由教师知晓学生姓名，鼓励学生之间采用匿名方式进行互动交流，充分应用语言交际手段，扩大交流半径。

4. 降低语言碎片化，提升语言的精炼度

微博平台由于有字数限制，学生容易在交流过程中将原本完整的语句用碎片化的语言表达出来。因而，需要通过教师的适当引导，以及同学间的互助，兼顾语言形式的完整性和简洁性，力求用较少的词或短语来表达较丰富的意义。

5. 与课堂教学同步，促进微博交流常态化

微博交流需要与课堂教学形成同步，一方面交流内容需要与教材保持互动，另一方面，交流时间也需要与课堂教学同步，例如：在课前、课后均要求开展微博互动，以便及时开展课前预习、课后巩固环节，并实现微博交流的常态化。

6. 注重形成性评价方法，保持学生的积极性

需注重对学生微博行为的形成性评价，包括微博活跃度、贡献度评价，计入平时成绩，改变以往仅由教师作为单一评价主体的做法，通过定量、定性、师评、互评等多种评价方式，完成对学生微博行为的有效评估，保持学生的学习积极性和自信心。

第三节　微课

一、微课概述

（一）微课的定义

"微课"是"微型视频网络课程"的简称，[1] 于20世纪末在世界范围内兴起。美国新墨西哥州圣胡安学院最早将微课的概念应用到教学领域，并把微课程称为"知识脉冲"，教学目标与教学内容的密切结合是其核心理念。这种

---

[1] 俞婕，魏琳. 数字化时代大学英语翻转课堂新探索 [M]. 北京：冶金工业出版社，2022：28.

"知识脉冲"能够使学习者产生"更为聚焦的学习体验"。微课教学主要以在线学习或移动学习为主要目标，并突出重要概念，时间一般控制在1~3分钟内，根据资源以建构自身的知识。从20世纪开始，新加坡开始进行"微课"研究，他们把微课界定为一种运用计算机通信技术以达到特定目标的微教学材料，其最具特色的一环就是将新兴高科技技术与传统的课堂教材相结合，突出关键点，创设一种轻松、快乐、有意义的学习环境。

微课全称为微型视频课程，是以教学视频为主要呈现方式，围绕学科知识点、例题习题、疑难问题、实验操作等进行的教学过程及相关资源的有机结合体。[1] 广义上，"微课"指围绕某个课题或知识点而展开的、利用碎片化的教学资源、以短小精悍的在线视频为形式的解说或演示；狭义上，"微课"指为满足学习者的个性化学习需求，依据课程标准，以微视频为主要载体，有明确的教学目标，针对某个学科知识点或教学环节，经过精心的信息化教学设计，开展的简短、完整的教学活动。"微课"不等于"微课程"，简单说，课程的概念大于课；"微课"不等于"微视频""微课件"，因为微课由多种资源组成，"微视频"和"微课件"只是其中的一部分。

（二）微课的特点

微课具有以下八个主要特点：

1. 教学时间较短

教学视频是微课的核心组成内容。根据大学生的认知特点和学习规律，"微课"的时长一般为5~8分钟，最长不宜超过10分钟；本科的微课一般在15分钟左右，最长不宜超过20分钟。因此相对于传统的40分钟或45分钟的一节课的教学课例来说，"微课"可以称之为"课例片段"或"微课例"。

2. 教学内容较少

微课教学不同于传统的课堂教学，其在实际教学中主要针对特定的主题以及教学重点来展开，这更加便于老师进行主题教学。微课存在的价值是为了突出课堂教学中所要表达的重点以及难点问题，通过聚焦的方式进行二次学习，这样能够使得所要教学的课题更加精练，同时也便于学生的学习和理解。

3. 资源容量较小

微课主要采用视频以及其他辅助教学硬件来展开，例如，一堂微课在电脑上所占用的空间只有几十兆字节左右，同时在视频格式的选择上也是常丰富，

---

[1] 潘英慧. 基于微课的大学英语教学模式分析与研究 [M]. 长春市：吉林科学技术出版社，2020：4.

几乎涵盖了所有的媒体格式，这样师生在进行教学以及学习的过程中就方便了很多，同时资源量小的微课资源也非常便于储存和携带，通常一些常用的存储设备都能够很容易地进行储存和转发，这样更加方便了老师的讲课以及学生的学习。

4. 资源构成"情景化"，资源使用方便

微课采用的教学形式非常多样化，同时其所要表达的教学内容也非常明确以及完整。视频片段的播放方式以及多样化的多媒体素材等更加容易使教学内容变得情景化，从而加深学生的认识以及理解。老师在进行微课教学时利用情景化的教学课件更容易将学生带到教学情境中，这样学生将会更加真实和具体地体会到教学中的内容，同时这种教学方式还能够锻炼学生的思维能力以及感知能力，长期微课的学习同样可以提高教师的技能以及专业能力，从而提升课堂教学质量。学校同样可以针对微课进行教学改革，利用微课带来的优势补足自身在教学模式创新方面的弱点，从而加强学校的影响力。

5. 主题突出，内容具体

微课通常表现的主题非常精练而且专一，这就体现出了微课具有主题突出，内容具体的具体特点，通过对单一问题以及难点的精练和学习，可以加深学生对于知识点的理解，同时微课在解决一些如学习策略、学习方法等非常具体而明确的问题时具有非常积极的作用。

6. 草根研究，趣味创作

微课以短小精悍而著称，正因为如此，人们不必担心过于复杂的课件内容，而仅仅针对自己感兴趣或者自己专业所学来进行制作，所以微课被越来越多的人所研究和创造，微课因教学而存在，所以这就说明微课中所要表达的内容一定是与教学相关联的，是在传授一些教学方法以及教学内容，而不是专业地去论述某一个观点或者学术内容，所以这就决定了微课所创造的内容一定是与教师息息相关的。

7. 成果简化，多样传播

微课所表达的内容非常清晰、完整，并且微课所表达的主题也非常突出，所以微课的教学内容很容易被学生理解和学习，并且因为微课采用的形式比较前卫，所以微课的传播方式非常方便而且多样化。

8. 反馈及时，针对性强

微课教学内容少，而且教学时间短，教师在教学结束后很容易能得到学习者对于教学内容的反馈。微课的作用是进行教学的辅助，从而使得教学内容更加具有针对性。

二、基于微课的大学英语口语教学的特点

在这种大的环境下，大学英语教学呈现出以下几个特点。

(一) 教学的资源越来越丰富

随着信息技术的不断发展，互联网上汇集了大量的信息和知识，有些网站拥有非常丰富而优质的教学资料和资源，很多口语学习和训练的资料及软件都可以从互联网上免费下载。教师和学生都可以方便快捷地从互联网上获得大量的英语口语的学习素材，传统教学中资料不丰富，素材不实用的缺憾很好地得到了弥补。

(二) 突破了学习空间的限制

通过网络进行学习时，学生将不再受到时间与空间的限制，学生在任何时间任何地点都可以便捷地登录相关的网站开展口语交流与训练。

(三) 学生学习口语的热情和积极性被充分调动

互联网上一些英语教学的网站和平台会刻意迎合青年学生的心理特点和习惯，以声音、视频、图画、动画作为载体将学习内容呈现在学生面前，学生的学习热情以及积极性比较容易被调动和激发起来。

(四) 个性化的自主学习更容易实现

网络上的知识十分丰富，相比起教师及教材所能承载的信息量要大得多，通过互联网开展学习，可以令学生有更多选择的空间，他们能够自主掌握学习的进度，学习效果自然也会随之提升。

三、基于微课的大学英语口语教学程序

大学应当将网络技术引进英语教学中，在网络的基础上建立起大学英语口语教学的新模式，应引导学生登录网络进行英语口语的训练和学习。这种形式的学习使得学生不再受到传统教学局限性的影响，随时随地可以利用空闲时间开展口语练习。而且这种口语学习的方式比较直观、生动、活泼，有着很强的互动性，符合青年学生的喜好，能够调动起他们学习的积极性和参与热情，比较容易实现大学口语教学的目标。教师的教学应当以学生为中心，重点关注教师与学生之间、学生与学生之间的协作情况和对话情况。教师应当首先对互联

网上的信息加以筛选和组织，然后再将之提供给学生，正确引导学生开展口语练习，有效提高他们的口语交际能力。教师可以先布置课堂任务，再进行课前教案准备，在课堂上展示资料，对学生的学习成果进行评价并向他们进行反馈，最后，进一步巩固并且提升学生学习效果。

（一）布置任务

在每堂口语课结束前，教师通常会向学生布置一些下堂课的练习，将具体的要求以及内容上传到班级的公共平台，包括练习的注意事项、评分的标准等，教师应丰富练习的主题；还可以将一些参考资料同时上传至公共平台，以方便学生在练习时加以使用。口语练习小组可以根据这些上传的作业及要求选择本组的练习内容，在确定好采取哪种练习方式后报告给教师。教师可以通过公共平台与学生开展交流和互动，在需要的情况下，给予各学习小组的学生以具体指导。

（二）课前准备

我国的大学生在进行口语交流时能够脱口而出的词汇非常有限，而且大部分学生的口语交流用词雷同，还有的学生每当需要用口语进行交流时总会觉得自己的大脑中无词可用。随着网络的日益普及，学生可以在互联网上寻找到大量可以开展口语训练的资源和平台。这些资源也可以用于英语课堂。在这个过程中，英语教师应当根据自己的经验，为学生提供一些必要的指导，提醒学生要区分清楚口语与书面语的不同，指导学生将一些书面语转化为口语，以提高口语教学的实用性。

网络上可以用于英语口语交流的平台和工具日新月异，层出不穷，比如，微信、微博以及聊天室，还有一对一口语教学平台，从而使得人们用英语交流的渠道更加多样化，人们既可以公开地使用英语进行交流，又可以采用私下的交流方式，文字、语音、视频都可以成为交流的方式。在网络上，人们往往可以不必公布自己真实的身份，这时候一些生性内向的学生反而会放平心态，自然地与他人进行英语的对话和交流。网络上有一种专门用于英语交流的聊天室，这里汇聚的都是英语的学习者，而且有一些口语纯正的外籍人士。学生可以在这种平台上顺畅地与他人进行与作业相关的口语练习及交流。

在网络上，大学生还可以自主创建自己所属的聊天室，然后邀请同学、教师、网友进入，共同展开口语的交流，在聊天室中还可以开展一些简单的辩论或者讨论。但有效开展口语交流的前提是要做好聊天室的管理。这时候教师应当选择一些实用性的主题引导聊天室内的人员开始交流和讨论，教师要对聊天室的话题进行必要的引导,给予一些口语基础较差的学生以一对一的辅导。学生也要充分利用好这种平台,不断提高自己的语言水平。

(三) 课堂展示与评价

口语练习小组应当每隔一段时间在课堂上展示一次自己的学习成果。教师要引导学生将各种准备展示的口语资料上传到班级的公共网络平台上,使其他学生也可以对这些内容进行观摩和讨论。各小组通过自己准备的图片、文字、视频、音频等来展示本组的学习成果,使得学习成效进一步提升。其他学生不仅可以观摩各小组的表演,而且可以对这些表演进行评价和讨论,这些评价和讨论的内容可以被实时上传到班级的公共平台。表演结束后,教师和学生可以一起按照既定的标准为各组的展示打分。最后,由教师对每一组给予综合的评定,肯定好的方面,指出存在的问题。每当一个阶段的公开展示活动结束后,教师便可以将表现突出的展示资料保存到班级的公共平台上,以使展示资料起到参考的作用。

(四) 巩固提升

语言学总结出了语言学习的过程,那就是知晓、学会、熟悉、自动使用。其中,学生通常可以在课堂上知晓和学会教师所教授的知识,而熟悉和自动使用知识则需要在课堂之外经过大量的练习才能实现。因此,英语教师还应该针对学生的实际需要,通过自己的努力建立英语口语资源库,以满足学生在大学期间进行口语学习的需要。在组建口语资源库时,教师应当根据不同的训练目标将资源库分为不同的模块,如听力检验专区、发音模仿专区、绕口令专区、角色扮演专区等。因为不同的学生会有不同的心理和人格特点,而且他们的年龄段、学习语言的能力、情感的经历、学习的习惯都会各不相同,此前学习英语的经历及程度也有所不同,这样就会使得学生英语的听与说的能力参差不齐。所以教师在进行教程设计时要充分考虑学生的性别、个性及英语水平等因素,同时还应该设计出一套相应的监控系统,以便于随时掌握学生的学习情况。综上所述,基于微课的网络环境下,口语教学实践在整合教学资源、强调学生主体性方面发挥了积极作用。它代表着现代教育技术发展的最新趋势,不仅更新了教育理念,而且革新了教学方法,优化了教学环境。对该模式的进一步研究和探索必将促使大学英语教学更完善成熟。

第四节 微视频

一、微视频的特点

教学视频中的一类教学微视频,"微"体现为视频内容与视频大小两个方面。认知学习领域相关实验证明,通常人类工作记忆容量是7±2个模块。短时记忆中信息可以储存大约20秒,而后消失。成年人在观看视频时,可以维持的注意力平均时长是2~7分钟,在听演讲、报告时的注意力可以持续大约20分钟。教学微视频属于微型化资源,表现形式符合心理认知规律与现代化学习需求,相对传统视频课程而言,微视频的时长明显缩短,学习内容减少,更加贴合学生的认知心理,亦适宜于各种移动终端随时随地学习,更加符合当前所提倡的远程学习、泛在学习环境下教学资源微型化的特点与需求。

(一)微视频的核心媒体形式是"视频"

在很多人看来,微课、微课视频、微视频是相同的概念,视频是微视频最重要的媒体形式。虽然在荔枝微课等平台中存在以短音频或者短音频配合课件截图为主要媒体形式的微课,但毋庸置疑,微视频是目前微课采用率最高、接受程度最好的微课资源形式。一方面,视频具有集合口语、文字、印刷等其他形式的媒体特性;另一方面,视频制作及移动接收设备的普及、视频编解码技术的不断提升、网络传播带宽的不断改进,为微视频制作提供了丰富的视频制作设备、操作方便的编辑软件和流畅的网络传输渠道。

(二)微视频内容容量要"小"

传统的课程视频强调系统性,视频多以课堂教学时长为单位。微视频则不强调知识呈现的系统性、完整性,而是围绕某个知识点或者活动环节,知识内容、目标单一、明确。在制作微视频的过程中,主题知识重点突出,设计开发工作量小、难度不高、成本适宜,具有可行性。

(三)微视频时长"短"

由于微视频选题小,知识容量小,微视频长度一般都较短。认知负荷理论认为人的认知结构由工作记忆和长时记忆组成，[①] 长时记忆几乎无限，但工作记忆容量有限，一次只能存储5~9条基本信息或信息块，同时处理两到三条信息。短视频可以有效降低外部认知负荷，让学习者可以有效处理短时记忆信息，以提高学习质量。目前国内外微视频的定义和实例中时长一般不超过10分钟。除了时长，微视频内容讲解中的语速、知识难易程度、学习者的原有知识水平、学习者学习风格特点等也影响着学习者学习时长和难易程度。现在移动终端大多可以记忆播放，学习者既可以分几次完成观看学习，也可以反复观看多遍，甚至可以根据需要调节视频播放速度，用更短或更长的时间完成观看。所以视频时长并没有一个标准化的建议。

（四）微视频制作要"精"

微视频是半结构化的数字资源，可以作为辅助资源放入学科教学中，也可以作为主要教学资源提供给学习者自学、交流、作业提交使用。不管哪一种，微视频的主题选择要精心，设计要精细，制作要精良。制作者可以根据课程内容和教学活动设计，精心选择教学、学习中的重点、难点知识，或者重要的教学/学习活动环节作为微视频的主题。确定好知识主题后，根据学习目标和学习者水平，搜集资料素材、精心设计教学活动、分配各环节顺序和时长，形成精细的教学设计脚本。在具体的制作中通过精良的媒体技术手段，降低知识理解难度，提升课程的趣味性和吸引力，增强学习者的体验感。

二、微视频教学资源的开发

微视频教学资源的开发是一项基础的、长期的、系统性的工程，涉及内容众多，限于篇幅，以下重点对开发原则、设计思路、制作规范、微视频教学资源库建设等关键问题进行论述。

（一）开发原则

1. 聚焦性原则

内容聚焦于一点，单个微视频只讲一个问题。只呈现核心内容，无须导入、总结等环节。强调信息的浓缩、精炼，忌大而全，宜小而精，以便于课堂应用或学生利用碎片化时间观看，避免引起视听疲劳。若涉及内容较多，则需要教师以讲述形式配合或单独制作另一个微视频进行说明。

[①] 杨建伟. 翻转学习的设计与实现[M]. 北京：知识产权出版社，2020：38.

2. 学习者中心原则

微视频教学资源的开发始终要把有助于学习者的学习作为出发点和落脚点。应特别需要注意两点：一是借助移动互联网工具广泛倾听学生的反馈和意见建议，不断更新迭代；二是调动学生的积极性，引导学生参与其中。

3. 生活化原则

优先选择日常生活中真实情境下的素材、案例等内容，便于学习者将知识与自身经历建立关联，搭建理论联系实际的桥梁，促进知识的理解和掌握。

4. 轻量化原则

使用"低成本、高功效"的制作技术，避免陷入追求昂贵设备、高超技术、绚丽画面效果的"技术取向"误区。降低门槛，简化流程，减轻开发者负担。

（二）设计思路

借鉴微课设计常用的 ADDIE（Analysis、Design、Development、Implement、Evaluation，分析、设计、开发、实施、评价）模型思想，将微视频教学资源开发的设计思路分为前期分析、开发制作、应用反馈三个阶段，它们互相关联，相互促进，构成一个循环系统。

1. 前期分析

主要分析课堂教学的软硬件环境，现有资源、微视频资源需求及应用方式，学生的学习需求、态度和行为习惯等，为微视频教学资源的开发制作提供决策依据。

2. 开发制作

开发制作是微视频教学资源开发的核心环节。由不同主体采用多种方式按照规范格式开发制作，完成后上传至微视频教学资源库中以供用户使用、交流、评价。

3. 应用反馈

课堂教学中使用微视频资源辅助教学，评估教学效果，广泛收集教师、学生等主体的意见建议，不断优化微视频教学资源的开发。

（三）制作规范

1. 制作主体

以教师和学生为主，其他人员或机构（教学管理者、校友、合作企业、行业协会等）为辅。当制作主体不是教师时，为保证微视频的内容、格式等符合要求，教师需要全程参与、指导和控制。

2. 制作方式

一是自制，即使用软硬件设备录屏或自主拍摄、制作微视频；二是编辑，即收集整理已有的视频资源，使用视频编辑处理软件剪辑、加工、生成微视频。两种制作方式均涉及一些基础操作，如格式转换、配音、添加字幕等。

3. 格式

时长最佳为 3~5 分钟，最长不超过 10 分钟；视频格式：适合在主流移动智能终端和云端播放即可，如 MP4、FLV、WMV 等；质量与占用空间：画面清晰即可，占用空间尽量小；有匹配的字幕。

4. 内容

能够辅助课堂教学的内容均可，提倡类型、风格、形式的多样化。一般依据教师的专业知识、教学需要和学生反馈进行选择，常见内容有时事新闻、社会热点、真实案例、背景知识、操作实例、影视片段等。

5. 元信息

完整记录微视频分类、封面、标题、内容简介、标签等元信息，以便于搜索和算法推荐。

(四) 微视频教学资源库建设

资源库是整合教学资源的常见形式。结合微视频教学资源的内涵、特点及后续应用需求，微视频教学资源库建设需着重关注以下四点。

1. 平台载体

APP、微信公众号、校园网云空间、云班课、视频 APP 专辑等。APP 功能丰富、自主性强、适应面广，但建设难度大、费用高、时间久，适合作为教育行政部门或商业企业开发建设区域性的或更大范围的共建共享平台。其余几种方式建设难度低，简单轻便，适合作为教师或学校管理部门开发建设的校本平台。不管采用何种方式，均需要满足一些基础要求，如服务稳定性强、传输速度快、设备兼容性高、多终端数据同步共享、搜索便捷等。

2. 资源组织形式

构建横纵结合的物理组织形式。即横向上以学科门类划分，如文、法、理、工、农、医等，纵向上以应用层次划分，如资源层、课程层、专业层等，以结构化地呈现丰富的资源，便于分类查找和检索。由于微视频教学资源所承载的内容比较零散，仅依靠既有的知识体系难以科学组织，因此，还需要借助关键词匹配、语义关联等技术建立不同资源之间的逻辑关联，形成松散耦合的单元，便于资源的发掘和应用。

3. 开放性

用户可以随时随地自由访问、上传、下载、评论、分享微视频资源。对于用户上传的内容，采用"赛马机制"，以访问数、下载数、师生评论、分享数等综合评价其存在的价值和必要性。支持资源创建者与用户、用户与用户之间交流互动，根据用户反馈或评价打分对微视频资源进行更新、修改，使其更贴近教学实际。

4. 数据分析

统计分析微视频教学资源库运行中积累的系列数据并进行可视化表示，为用户管理、资源管理、学习管理等提供数据支持。以此为基础，借助算法程序优化相应功能，如利用智能推荐算法实现精准推荐，变人找资源为资源找人。

三、大学英语口语教学中微视频资源应用的优势

（一）有利于创造现实语言环境

英语语言环境能为英语语言学习提供重要帮助，它是学生进行英语语言表达的基础。然而传统英语课堂教学中缺乏语言环境，使学生很难将英语学习与实际生活相联系。而大学英语教学中应用微视频教学资源，教学内容是围绕教学大纲进行灵活设计，因此教师可以选择一些贴近现实生活的语言素材。除此之外，教师有意识地在其中加入一些合适的欧美文化，不仅能让学生掌握更多词汇、强化学生的英语听说能力，而且也能让学生了解欧美使用英语的文化环境，更有利于学生准确运用英语进行交流。

（二）有利于精简课堂教学过程

微视频的总时长较短，因此教学内容多为教学的重难点，教师围绕这些重难点，列举一些有关案例进行分析、讲解，能够大大提高教学效率，改善传统课堂教学拖沓、重难点被掩盖等问题。学生也能快速认识和掌握学习的重难点，并通过反复观看微视频来加深理解、巩固学习效果。

（三）有利于扩充课堂教学内容及形式

英语教学微视频的内容不是对教材内容的简单照搬，而是支持在此基础上有效融合一些与英语教学有关的丰富内容，如欧美文化、英语交流小知识等。而微视频教学同时综合了声音、影像、文字等表达方式，相比于传统课堂教学，更加多元化。因此能在相同的教学时间内高效地传递更多英语知识，使课堂教学的内容和形式都得到扩充。

（四）有利于强化学生的交流能力

传统的英语课堂教学模式教会学生的多为固定的句式句法，学生在运用时只能照搬、套用，并利用死记硬背的方式来记住知识点，目的则是通过英语考试。很明显，这种教学方式教出来的学生，会阅读、会写，但口语交流能力较差。而利用微视频教学资源，教学不再是教师对学生的单向带领，而是学生通过微视频主动去观察和了解英语教学内容，尤其是能够看到英语句子的正确应用场合（情境）、听到英语语言的地道发音，有利于学生在现实情境中正确运用口语。

四、大学英语口语教学中运用微视频的具体方法

（一）利用微视频教学资源，创新教学方式

随着多媒体教学技术的不断发展，传统的教学方式已经不适用于现在的课堂教学了。所以，为了更好地提高英语口语的课堂效率，老师应该在教学过程中合理地运用微视频教学资源。老师可以根据本班学生的实际口语能力水平进行相应的教学内容设计，在观看视频前，老师应该对视频背景知识进行详细的讲解，以便于学生了解视频所讲的相关内容，加深对新知识的理解。在微视频的播放过程中，老师要清楚所讲的重点，对重点的部分进行重复播放，加深学生的印象，并对重点知识进行详细的讲解，在视频播放前，教师也可以提出一些问题供学生们进行思考，让学生们在视频中寻找答案，这样有利于学生们掌握在这一情境下的对话内容，从而运用到实际生活中去。

（二）加强教学互动，激发学习热情

微视频是集声音、视频、影像为一体的教学资源，在口语教学中进行运用可以让书本上枯燥的知识变得生动起来，让同学们更加直观地理解知识点，降低学习的难度，老师在教学过程中应该注重与学生的互动和交流，确立以学生为主体的教学方式，锻炼学生的英语口语表达能力。微视频可以设立一个近乎真实的交流场景，这有利于激发学生运用英语进行交流的欲望，老师还可以运用微视频来给同学们展示时下最热门的英语口语话题，供学生们进行讨论，增强学生的英语应用能力。

（三）扩展口语课堂的教学空间

大学英语口语课堂教学的时间较短，但是培养学生的英语口语能力又是一个漫长的过程,所以老师要利用好学生们的课余时间,在布置课后作业时,老师可以将与知识点相关的微视频上传到学生的邮箱或者班级的微信群里,这样可以让学生自由利用课余时间进行英语口语的学习和训练,学生通过反复观看微视频可以对新知识进行课前预习,对学过的知识进行及时的复习,针对自己掌握不好的部分进行反复观看,感受交流场景,提高口语水平。微视频的内容不仅仅包含老师的教学内容,还包括电影片段、新闻、纪录片等,老师在搜索相关课程的短视频时应该注重内容的丰富性,并且要符合教学主题,选取难度适中的微视频,避免出现因内容过于复杂难懂而使学生失去观看兴趣的情况。

(四)增加课堂教学活动,营造良好的教学氛围

老师可以通过微视频中展现的场景去模拟一个类似的交流场景,让同学们选择自己要扮演的角色,培养学生的独立思考能力和口语表达能力,让学生积极运用英语进行沟通和交流。老师自身的英语口语发音难免会不标准,老师可以通过微视频技术播放一些课本上的内容对话,让学生进行跟读,培养良好的英语语感,使他们发现自身不足的地方,并加以训练和改正。老师还可以利用微视频结合课本知识来设定一些英语口语相关的小游戏,这可以丰富口语教学的内容,在游戏过程中培养学生自主思考的能力,使他们主动跟同学和老师进行口语交流。老师可以利用课间休息的时间循环播放一些有关英语文化方面的微视频,利用好教学零散时间,让学生在潜移默化中了解英语口语文化,提升英语综合素养。

第七章 大学英语口语教学与信息化手段

随着"互联网+"和人工智能时代的到来，移动学习的发展势头越来越强，教育的信息化进程也越来越快。因此，大学英语口语教学必须顺应时代潮流，结合当前和今后的发展趋势，不断探索信息化教学手段。本章主要对大学英语口语教学与信息化手段进行了论述。

第一节 慕课

一、慕课解读

(一) 慕课的内涵

"慕课"即"MOOC"，是"Massive Open Online Courses"（大规模开放式在线课程）的简称。Massive 即"大规模"，学习人数众多、学习规模巨大；Open 即"开放共享"，免费注册，丰富的学习资源向全国乃至全世界开放，学习者眼界也随之扩展到国外；Online "在线"学习和教学主要通过网络进行，交流与互动都是在网上。在"慕课"模式下，整个课堂教学和学生学习成为完整、系统的在线实现。"慕课"是包含讲授、讨论、作业、评价以及回馈的教学过程，不只是纯粹的教学或者自学，是融合教师讲授、学生学习的整个教学过程。课程中，教师的主电脑连接到学生电脑，方便教师观察学生的学习状况。学生如何学习、学习效果如何都会在线呈现，并获得相关的学习反馈。

作为在线教育的最新形态，"慕课"将社交服务、在线学习、大数据分析和移动互联等理念融于一体，向用户提供大规模的免费在线高等教育服务以及生动的学习体验。"慕课"的巨大优势已经引起政策决策者、投资者以及教育人士的广泛关注，并吸引他们投身于"慕课"建设。现今主要有 Courser、Audacity、Edx 三大学习平台负责课程的推广。这三家公司提供模块化在线材料，播放简短视频片段，开展互动问答等活动，通过网上论坛让学生展开讨论、进行学习。实际教学在视频授课之外，横跨博客、网站、社会网络等多个平台。大量来自世界著名学校的丰富课程资源，吸引了世界各地的学习者共同在线学习。在各专业教师带领下，在线无障碍、无距离地进行学习。

"慕课"规模具有可伸缩性，没有学习人数的限制，学习人数可以高达上万人甚至更多。课程资源包括全世界最优秀的、最先进的教育资源。师资力量雄厚，教师由世界著名的大学教授担任。所有课程资源都具有开放访问权限的，所有人都可以免费注册进行学习。课程的讲授和学习都是在线进行，对时间和地点的要求很低。

（二）慕课的特征

1. 开放性

开放性主要表现在教育理念、学习对象、学习方式、评价过程、学习者使用的学习环境的开放。慕课尊崇知识共享协议，世界各地的学习者只要可以上网就能学习自己感兴趣的优质课程，不管是正在上学的学生、上班的工人还是家庭主妇或退休老人，没有国别、种族、学历的差异，任何人都可以参与学习。慕课不需要学籍，学习者可以自由选择课程进行学习。慕课大部分课程是免费的，学习者只需要拥有一台连接了互联网的电脑即可。

2. 大规模性

"大规模"意味着学习者数量不做限制，与传统课程只有几十个或几百个学习者不同，一门慕课课程动辄有上万人参加。大规模主要是指大量的学习者，也可以指大规模的课程活动范围。那么，多大规模才是"大规模"呢？现实表明：慕课的学习者远超常规，可轻易达到几千人。而在未来，随着该模式的普及及其影响力扩大，参与者还会更多，因此慕课是一种巨型课程。

3. 技术性

慕课不同于以往的网络公开课程那样，而是通过一定信息技术手段，使学习者可以实现与教师在线问答和与其他学习者的互动交流等，将整个教学过程搬到了网上；慕课以"短视频"为基本教学单位，每节慕课课程一般被分为若干个时长 15 分钟左右的短视频，其间充斥着许多必须回答的客观题，系统会及时做出评价，学生只有回答正确才可以继续学习；慕课以云计算平台为核心的技术运用，实现了海量课程资源的存储与共享；慕课基于大数据的技术手段实现了个性化教学服务。另外，整个慕课平台网站设计精美，这些会在很大程度上激发学生学习的积极性。

4. 非结构性

从内容上看，慕课大多数提供碎片化知识点，内容具有可扩充和形式多种多样的特征，相关特定领域专家、教育家、学科教师提供的内容，通过网络汇集成一个中央知识库。这些内容集合的独特之处在于能够被"再度组合"，所有的学习资料通过"慕课"彼此关联。

5. 自主性

自主性在不同学者那里有不同理解。其一，在关联主义慕课推崇者看来，没有明确的学习预期是"自主性"慕课的特征，学习者可以自主设计学习目标；其二，虽然可参考特定学习主题，学习者还要决定学习时间、地点、阅读资料、投入精力和进行何种形式和程度的交互等；其三，没有正式课程考核。当然，需获取学分的在校学生除外，学习者根据自己的学习预期对自己的学习收获进行评判。因此，关联主义的慕课几乎完全依赖于学习者的自我调控。

6. 在线性

所谓在线性主要是从慕课的学习方式来说的。与传统的课程相比，慕课已经不是面对面的课程，而是将其课程材料散布于互联网上。学生通过互联网这一载体进行查找资料、课前预习、在线视频学习以及在线提问、在线回答问题和在线考评。从某种角度上说，慕课就是一种地地道道的网络课程，缺少了网络，慕课的大规模性、开放性以及资源共享性是很难实现的。

首先，慕课的学习是通过网络视频在线的形式来实现的。慕课的课程形式一般采用"翻转课堂"来进行，课堂内外的学习都离不开网络；其次，慕课的课堂讨论以及问题的提问和答疑也可以通过在线网络的形式来进行；再次，学生考试和成绩评定也可以通过网络来进行；最后，通过网络在线学习还可以实现知识和技能的创生。

7. 资源共享性

所谓资源共享性就是慕课所提供的学习资源是免费的，并且是不设条件地向所有参与者开放。免费共享是慕课区别于以往开放教育的本质特征之一。慕课的资源共享性应该是同大规模性、开放性、在线性相并列的一项重要特征，这种特征主要体现在以下三个方面。

首先，免费注册参与课程学习。秉承共享的理念，教育者和慕课平台的建设者以及网络企业家们一开始就达成了免费参与的共识，免费参与慕课学习，是慕课大规模开展的保证，也是慕课迅速在全球兴起的内在动力。

其次，合作、共建、共享的慕课建设模式。为了使更多的慕课资源做到共享，各学校必须加盟或联合建构慕课平台，发布自己的课程，参与到慕课建设中去，在共享的同时也奉献出自己的课程与别人共享。慕课共建、共享的这一特征，正使得越来越多的大学加到慕课运动中，打破校际壁垒，参与到全球共享课程资源的开发和建设中去。

最后，慕课资源知识产权的共享机制。慕课的开发制作以及在网上发布，都牵涉到知识产权问题，慕课资源真正做到事实上共享还需要解决与法律接轨问题。所以，大范围慕课应用成败的关键，在于能否在知识产权安排上坚持一种行之有效的开放共享精神与实践。

二、慕课背景下大学英语口语教学的策略

（一）提高对学生的口语学习监督

英语教学中普遍存在学生的英语知识水平较高，但口语表达能力较差的问题，而教师过度重视学习成绩，对口语能力的培养缺乏重视。慕课中具有充足的学习资源，能对学生的英语口语训练起到有效作用。教师应充分重视对学生口语能力的培养，让学生在慕课平台中搜集口语练习资料，进行口语能力的自我加强。另外，由于慕课的学习地点不受限制，学生更应对自己严格要求，明确口语学习的目的。教师可以在课堂上布置口语学习任务，让学生在课下通过慕课完成学习目标，同时加强对学生口语任务完成情况的检查和监督。

（二）引进国内外优质慕课课程

近些年，慕课在国内外受到高度重视并得到快速发展，慕课课程也不断完善。目前，国内外许多知名大学纷纷开发了诸多优质慕课课程和高校外语慕课平台，因此高校英语教师应该充分利用网络慕课视频和平台，引进国内外优质慕课课程，充分利用多媒体技术和"互联网+"技术，以及众多慕课平台的辅助作用，建立完善的本校慕课学习平台，为学生提供更加完善优质的慕课课程，为学生提供更多口语练习的机会和学习资源。

（三）利用"慕课"实现口语的仿真性对话

作为全球性的通用语言，英语是学生必须掌握的语言。高校英语教学过程中，口语教学在英语教学中具有非常重要的作用，有利于体现学生的英语实践能力和英语应用能力。在"慕课"教学过程中，大学英语教师需要结合教学内容来提出教学内容相关问题，同时需要给予学生足够的时间和空间进行思考，这样能促使学生更加真实感受到英语口语训练活动，给予学生仿真性感觉。同时，学生可以结合慕课视频内容来回答教师布置的问题，模拟更加真实情景，促使学生能有效掌握对话内容，有利于提升大学英语口语教学效果。

（四）加强学生的学习管理

从实践教学效果来看，学生在英语口语能力方面存在明显的差异性，慕课模式的应用则可以充分尊重学生的这种差异，兼顾全体学生，确保学生可以有效参与到口语学习中。教师在选择教学素材时，需要坚持分层原则，并关注对口语表达技巧的传授，教授给学生说英语的方法和技巧。同时，学生方面需要逐步提高学习的主动性和自觉性，建立自我管理、自我控制意识，强化对自己的日常管理，实现自制。学生应当合理规划、安排自己的学习时间，正确判断学习进度和作业完成情况，每天设置定量的时间用于口语练习。同时，英语教师需要重视对于学生的学习管理，及时检查学生的学习进度，给予其合理的自学建议，帮助学生解决学习过程中所遇到的困惑。

（五）重视大学英语口语教学模式改革

在大学英语传统课堂教学过程中，英语教师仍然坚持传统教学方式，学生在课堂学习中仍然居于被动地位，这就使大学英语口语学习效果并不是非常理想。现代教育日渐强调学生在课堂学习中的主体地位，利用慕课教学能改革大学英语课堂教学模式，将慕课课程渗透到实际教学中。大学英语教师需要引导学生积极学习慕课内容，同时也可以利用课前慕课来了解英语学习内容，提高学生的英语口语参与热情，调动学生英语学习的主动性，坚持"以人为本"的人本主义原则，构建新型英语口语教学模式。在大学英语口语教学过程中，大学英语教师可以根据实际情况来设置若干个教学模块，比如：日常语言模块、口语学习模块以及专业学习模块等，这样能有效满足学生实际学习的需求，通过个性化教学来提升教学有效性。

（六）重视大学英语口语教学环境创新

作为影响大学英语课堂教学的关键性因素，课堂教学设计以及课堂教学创新具有非常重要的作用。大学英语在传统英语课堂教学过程中，教师需要负责导入部分的讲解工作，学生往往只是被动地接受。在慕课背景下，英语教师需要结合学生群体差别以及学生个体实际特点来设置差异化和个性化的教学情境，结合慕课内容来自主设计英语课堂教学环节，构建更加活跃的英语课堂学习氛围，拓宽学生视野，培养学生语言文化素养，培养学生的英语口语学习能力以及应用能力。

(七) 搜集丰富的英语口语学习资料

拥有丰富的教学资源是慕课的特点之一，教师和学生应充分利用这一特点，广泛搜集学习资料，进行全方位的学习。慕课中的学习资料包括课堂教学资料和网络信息，对这二者的综合利用能更快提升学生的口语能力。教师可以通过搜索为学生提供优质的口语练习资料，让学生自己练习。也可以使用录音设备，利用网络的智能性在智能软件中进行人机对话练习，弥补了学生独立练习单一和枯燥的缺陷。[①]

(八) 制定并完善英语口语教学评价机制

利用慕课的公开性和数据化，教师可以在慕课平台上了解到学生对口语的练习程度及学习频率。根据这一数据分析学生的口语学习情况，再结合学生的课堂表现对学生做出不同的教学评价。在这一过程中，要注意评价的全面性与合理性。通过评价提高学生的主动学习意识，对学生起到激励作用。

(九) 提高大学英语教师整体素质

慕课的应用对大学英语教师提出了更高的要求，首先需要教师掌握现代信息技术的使用操作方法，能够做到利用慕课进行教学引导。同时还需要具备较高的英语口语水平，在课堂中通过专业的英语对话提高学生的口语能力。

第二节　翻转课堂

一、翻转课堂解读

(一) 翻转课堂的内涵

翻转课堂译自 Flipped Classroom 或 Inverted Classroom，顾名思义，是将课堂内外的时间进行调整，教师将学习的决定权交还给学生。在该教学模式下，教师不再占用学生宝贵的课堂时间，而是学生通过各种现代化、信息化资源，如 PPT、视频、音频等形式搜集信息。学生可通过网络交流、听讲座、看视频

[①] 赫英川. 慕课时代的大学英语口语教学改革探究 [J]. 校园英语，2017 (28).

等多种方式与同学、教师讨论，且可在任何时间查阅所需材料。学生可对课下时间进行自主规划，有计划地制定学习内容、学习节奏，以不同的风格呈现出不同的知识形式。教师的作用在于采用讲授法、协作法等教学形式满足学生的个体需求，并辅助其完成个性化学习。翻转课堂教学模式与混合式学习、探究式学习以及其他教学方式、教学工具在部分方法和思维上有重叠，但上述教学方式的最终目的均为让学生掌握更加灵活的学习方式，增强学生的自主参与意识。尤其在大数据信息背景下，学生可通过互联网在线观看感兴趣的教学课程，并不仅局限于课堂学习。从某种意义上而言，互联网的产生和发展催化了翻转课堂教学模式在实际教学中的应用，并彻底颠覆了传统的课堂教学形式，从而引发了教学模式、管理模式以及教学角色等一系列的制度改革。

(二) 翻转课堂的特征

1. 教学资源多样化

教学视频是翻转课堂最主要的教学资源，也就是教师所准备的 5~10 分钟的视频，这个视频可以是教师亲自录制的也可以借鉴网络上优秀的视频。与传统教学资源只局限于教科书和参考书不同，翻转课堂能够实现教学资源的多样化。在信息技术辅助下，学生在观看教学视频时，如果发现视频中的教学内容理解困难，还可以利用网络资源查找其他教师的教学视频，这样可以及时攻破授课过程中的难题，实现课堂教学的及时性。

2. 以学生为中心

突出"以学生为中心"的教育理念，有利于学生的个性化学习。在翻转课堂中，学生可以根据自己的实际情况自主观看教学视频。教师课前提供教学资料、视频，课堂上引导学生解决问题等，充分体现了"以学生为中心"的教育理念，极大地提高了学生学习的主动性。此外，微视频便于传输、下载，能在多种移动设备上播放，学生可以随时随地根据自身的认知特点和认知能力调整学习进度，进行个性化的学习。对于一些接受知识较慢或是遇到不懂的知识点的学生而言，他们可以暂停或者反复观看直到掌握知识点。

3. 学习方式更加灵活

学生观看了教学视频之后，是否理解了学习的内容，视频后面紧跟着的 4~5 个小问题，可以帮助学生及时进行检测，并对自己的学习情况做出判断。如果发现几个问题回答得不好，学生可以回过头来再看一遍，仔细思考哪些方面出了问题。学生对问题的回答情况，能够及时地通过云平台进行汇总处理，帮助教师了解学生的学习状况。另外，翻转课堂的另外一个优点，就是便于学生在一段时间的学习之后进行复习和巩固。总之，翻转课堂的在英语教学课堂中的应用使学生可以随时随地进行学习，学习方式更加灵活。

4. 学习流程的重新建构

教学流程的颠倒无疑是翻转课堂最明显也是最外化的标志。通常情况下，学生的学习过程由两个阶段组成：第一个阶段是"信息传递"，是通过教师和学生、学生和学生之间的互动来实现的；第二个阶段是"吸收内化"，是在课后由学生自己来完成的。由于缺少教师的支持和同伴的帮助，"吸收内化"阶段常常会让学生感到挫败，丧失学习的动机和成就感。翻转课堂对学生的学习过程进行了重构。"信息传递"是学生在课前进行的，老师不仅提供了视频，还可以提供在线的辅导；"吸收内化"是在课堂上通过互动来完成的，教师能够提前了解学生的学习困难，在课堂上给予有效的辅导，同学之间的相互交流更有助于促进学生知识的吸收内化过程。

5. 教师角色发生转变

首先，教师由传统课堂上知识的传授者变成了学习的促进者和指导者。教师不再是课堂的主宰，课堂也不再是教师的一言堂，学生的主体地位在翻转课堂中得到充分体现，教师的主导地位并没有削弱，反而加强了。教师要熟练地掌握一些学习活动的组织策略，比如基于问题的学习、基于项目的学习、小组学习、游戏化学习、角色扮演等。

其次，教师由教学内容的传递者转变为视频资源的设计开发者以及相关教育资源的提供者。在课前，教师需要向学生提供必要的资源，比如相关知识讲解的教学视频、教学课件、其他网络资源等，以便学生对所学知识有较充分的了解。当学生需要帮助时，教师便会向他们提供必要的支持。

6. 教学内容清晰明确

英语翻转课堂的教学视频与传统的教学录像的不同之处在于，视频中出现的教师的头像以及教室里的各种物品摆设，都会分散学生的注意力，特别是在学生自主学习的情况下。因此翻转课堂的教学视频强调录像环境不要有干扰因素，应采用一对一讲解方式，让学生感觉教师只是给他一个人在讲课。

二、翻转课堂在大学英语口语教学中应用的优势

（一）个性化的学习环境

翻转课堂的魅力在于为每个学习者提供了个性化的学习环境。传统课堂上教师集中教学，学生稍微分心就会跟不上老师的讲解节奏。而翻转课堂学习模式下，学生在观看视频的过程中，可以根据自己的学习需要进行暂停、倒退、重复、快进，自己控制学习进度。这种自主的学习方式能给予学生更多思考、

理解的空间，有助于学生扎实、深入地掌握所学知识。

（二）增强学习自主性

翻转课堂模式下，课前的知识学习，完成作业，以及课堂中与教师和同学间的互动都需要学生的主动参与。学生从被动接受学习转变为积极主动学习，自主学习能力和意识得到培养。翻转模式下，教学方式和内容较之传统模式其丰富性和多样性是不可同日而语的，这也有助于激发学生的学习兴趣，增强其学习的自主性。

（三）加强课堂互动

"翻转课堂"的最大优势在于全面提升了课堂上师生之间、学生之间的交流互动。学生主动参与到学习小组的合作学习中，主动内化知识，教师也走下讲台，指导小组学习，改变了从前沉闷压抑的课堂氛围，让课堂焕发出生命活力。长远来看，这种教学方式对于调动学生学习口语的积极性、培养学生自主探究能力和创新精神都不无裨益。

（四）尊重学生个体差异

心理学指出个体在身心发展的起始时间和发展进程具有不平衡性，思维认知能力存在差异。每个学生的口语能力不同，需要的练习时间和练习方式也不尽相同。传统口语课堂无法照顾每个学生的需求，教师对学生的个别指导有限，无法做到有针对性。翻转课堂中，学生利用教师录制口语教学视频，根据自己的情况在家反复练习，并且可以把自己的读音录下来，反复对比纠正发音。程度低的学生可以多练习；程度好的学生可以少练习。每个学生可以根据自己的学习情况制定适合自己的学习计划。接受能力慢的学生可以量少而频练；接受能力强的学生也能加快学习进度。真正做到以学生为主体，尊重学生的个体差异。

（五）塑造良好语音环境

网络有许多优秀的口语教学资源。教师不一定非得自己录制教学视频。可以收集与教学内容相关的视频，比如发音规则、情景对话、篇章朗诵等。许多大型英语学习网站都有专门的口语教学视频。这些资源语音标准，语调优美，由专业的英语口语教师和专业团队制作，保证口语教学视频的质量。即使任课英语老师自身英语口语条件不好，学生也不会受其误导，弥补传统英语口语教学的缺陷。翻转课堂为学生营造良好的语音环境。学生不是单纯的模仿发音，而是在视频中掌握句子的使用情景，自己也能在类似情景中使用。

（六）课堂时间重新分配

传统课堂教学时间有限，再加上中国学校普遍实行大班教学，学生人数太多，课堂中的口语练习普遍采用"少人说众人听"的方式，无法使每个学生都得到锻炼。而在翻转模式下，学生利用课外时间进行练习，课堂上教师有针对性地进行讲解和互动，每个学生都能得到练习机会，教学效率提高，效果增强。

三、翻转课堂在大学英语口语教学中应用的策略

（一）师生定位的共同转变

翻转课堂开展的关键表现在师生互动、角色互换和知识吸收三个方面。老师在课堂教学开展前，通过互联网教育平台将制作的视频、图片等学习资料发送给学生，并指出知识中的重点内容，学生在课前完成教学内容的学习，老师在课堂上着重进行难点与重点内容的讲解，并预留充足的时间给予学生开展讨论，帮助学生完成知识的内化。利用互联网教学平台，老师可以随时、全面掌握每一位学生的学习进度以及学习成效，并对其进行公正的评价，帮助学生正确认识到自身学习中的不足，老师也可以根据学生的自主学习状况及时地改变课程教习内容与方法。[①]当学生在自主学习过程中遇见无法理解的英语知识时，老师可以通过互联网平台与学生进行沟通交流，及时引导学生完成相关问题的解答。在翻转课堂教学模式中，英语老师转变成了学生学习的引导者、辅助者，而学生需要通过实践活动来完成老师布置的任务，因此成为课堂教学的主体人物，也从原来被动接受知识转变为主动参与到知识讨论中。翻转课堂教学模式的运用，一方面可以帮助学生更加深刻地领悟知识的内涵，帮助学生建立发现问题、解决问题的意识和能力，另一方面也可以为大学生营造良好的口语交流环境，充分调动学生运用英语进行信息交流的积极性，有助于提高大学生的英语口语水平。

（二）制作翻转课堂视频资料

制作视频资料是开展翻转课堂教学模式非常重要的一部分，主要涵盖了课

---

① 丁竞.基于移动平台的中外教合作翻转课堂对英语口语能力提升的行动研究［J］.黑龙江教育学院学报，2019，38（3）.

堂教学的重难点内容、学习任务等，老师可以根据课程教学内容自己制作短视频，也可以从互联网平台上寻找适合的教学视频。视频资料的质量直接影响到大学英语口语教学效果，因此必须给予足够的重视。为了确保制作的教学视频能够在大学英语口语教学中起到很好的效果，需要遵照以下设计原则[①]：首先，趣味性。兴趣是确保学生学习过程中产生持久动力的源泉，一般来说学生的英语学习成绩好坏与学生的学习兴趣成正比关系。由于老师制作的视频资料需要学生进行自主学习，因此必须要具有一定的趣味性，这样才能够很好地调动学生的学习积极性。在进行教学视频制作时，老师可以将经典的英文歌曲、影视片段、趣味图片等融入进去，同时简要阐述歌曲以及影视作品的创作背景。其次，针对性。因为老师制作的视频资料一般较短，并且每一个视频都包含了一个完整的知识点，所以视频资料的制作还具有显著的针对性，使得学生在观看完视频资料以后，能够对教学内容、重难点知识点有大致的了解，同时引导学生将所学知识融入口语交流中。比如说在进行"Holiday"部分内容时，可以将国内外传统节日融入其中，让学生跟着阅读和练习。最后，原生性。在进行英语口语教学时，确保英语课程资料的原生性非常重要，保障学生能够接受纯正的英语口语练习。当下，我国大学生英语口语水平较差，主要是由于大学生缺少良好的语言环境，没有机会和其他国家人员进行语言交流，所以保证视频资料的原生性有助于提高大学生口语学习的效果。

（三）构建学生情境认知

翻转模式下的口语教学模式，应该符合以下特征：课前获取知识，课中则展现、深化、监控，课后巩固深化的教学结构模型。因此，在翻转模式的背景下构建认知情境，应该包含以下几方面内容。

第一，教师应该选择一个或多个真实的口语情境，在这一情境中，学生能够获得知识和能力的提高。真实的物理环境应该反映知识的真实运用情况，资源充足，并且充分保证这种环境的纯粹度。

第二，教师能够提供必要的支架，视频的制作应该既能提供真实的情境，也能搭建支架，使新手能够在复杂的真实情境中探索和操作知识；同时，指导者也能在这一框架中活动和运用指导策略，教师可以随时提供指导和支架支持，随时给予指导和建议。

第三，教师角色的多样化，认知情境策略的选择能使教师改变传统角色，

---

① 钟华，穆正礼，马凤鸣，等. 基于翻转课堂的移动学习对大学英语口语表达促进的有效性研究[J]. 大理大学学报，2019，4（5）.

能够在整个教学过程中，随时追踪学生的学习进度，评估学生的学习效果，了解学生的学习感受和学习成效，管理或参与他们的个体或合作学习。

（四）改革教学方法

为了更好地发挥"翻转课堂"的教学功能，教师要积极改革教学方法，摸索切实可行又高效的教学方法。比如，教师可以采用小组合作学习法。实践证明，小组合作学习能够强化口语练习的实效性。在小组合作学习中，教师要突出"翻转课堂"的特征，提高学生的积极性和主动性，提高学生的团结协作能力。教师可以先利用多媒体为学生展现交流情境，然后让小组成员分工扮演不同的角色，进行情境交流。在小组合作学习中，学生们能够互相帮助、取长补短，从而提高口语交际能力。

（五）优化课堂活动

课堂教学优化设计是打造成功的英语口语教学的关键。在翻转课堂的英语口语教学模式中，学生在课前进行自主学习，主要包括语音语调、常用句型、交际词汇等，课堂上主要是师生互动进行口语训练。学生也可就课文理解进行分组讨论，或对课文内容进行复述或会话训练。教师应根据不同的口语话题设计课堂活动，主要包括分组讨论、情境对话、演讲辩论、角色扮演等口语训练形式，充分调动学生学习积极性，帮助学生内化口语技能，建立良好的英语口语学习习惯，真正活学活用。在翻转课堂的英语口语教学中，指导学生创建口语学习小组也是重要的一环。在分组时，要注意兼顾组内成员的口语能力，使每位同学都能有充分锻炼的机会，能够分享学习心得，互帮互助，共同进步，教师要组织组内成员定期讨论，教师之间可以互相交流，进行口语教学资源的共享和互换，互相学习，互相借鉴，观看对方制作的口语教学视频，交换意见，共同进步。也可以以教研室为单位一同制定教学目标、教学流程和教学方法，探讨如何科学进行课堂口语教学。教师口语学习任务的选择，要紧紧围绕教材要点和教学大纲，并有一定的相关拓展。教师提前布置的学习任务要具体到位、可行性强，这样口语教学才能更有针对性，更能充分调动学生学习的积极性。①

（六）加强教师培训工作

"翻转课堂"需再现真实的教学场景，这就需要教师制作优质的微视频。

---

① 张锐. 翻转课堂在大学英语口语教学中的应用策略研究［J］. 黑龙江科学，2018（17）.

要想设计和制作优质的微视频，教师需要在细节和技术上下功夫，同时还要有理论支撑，利用现代教育技术模拟英语学习场景，让学生在模拟环境中获得全新的学习体验。所以，学校需要加强对教师的培训，可以定期开展一些相关的培训活动。拥有制作优质微视频的能力后，教师还要具备高效运用"翻转课堂"的能力。为此，学校可以围绕培养教师运用"翻转课堂"的能力展开培训。比如，翻转课堂注重学生自学以及师生之间的配合，所以充分利用课前、课后时间便显得至关重要。教师在课前可以将视频发给学生，让学生自己先观看、理解，对课上内容进行预习，初步熟悉教材内容。在学生自学过程中，教师需要通过交流平台，督促学生完成学习任务。在课堂上，需要重点解决学生普遍面临的问题、难点和重点。在课后，需要留给学生充足的时间进行口语练习，并利用平台帮助学生解决课前、课中所遗留的问题。

（七）课后归纳与反思

在翻转课堂教学模式下，学生先后经历了自主学习环节、课堂练习环节以及老师指导环节，能够对所学知识点有详细的了解和掌握。此外，在课堂教学结束以后，学生还需要对课堂教学知识，尤其是重点、难点以及易错点部分进行再次归纳与反思，改变传统一成不变的学习方法，让学生能够主动参与到教学活动中，帮助学生养成独立思考的习惯，不断提升分析与解决问题的能力。另外，老师也要依照课堂教学的实际情况与学生的学习状况对本次课程教学视频进行总结和改进，分析视频制作的优势与劣势，并在后续教学中逐步改进不足之处，从而更好地提高大学英语口语教学效率，强化学生的学习效果。

第三节　智慧课堂

一、智慧课堂解读

（一）智慧课堂的内涵

智慧课堂的提出和发展实际上是学校教育信息化聚焦于教学、课堂、师生活动的必然趋势。关于"智慧课堂"的含义，从不同的视角来看有不同的理解。

"智慧"通常包含理学意义上的"聪敏、有见解、有谋略"和技术上的

"智能化"两个不同层面上的含义。因此，对智慧课堂的概念有两种视角的理解：一种是从教育视角提出的，课堂教学不是简单的知识传授或学习的过程，而是师生情感与智慧综合生成的过程，智慧课堂的根本任务是"开发学生的智慧"，这里"智慧课堂"的概念是相对于"知识课堂"而言的。另一种是从信息化视角提出的，指利用先进的信息技术手段实现课堂教学的信息化、智能化，构建富有智慧的教学环境，这里"智慧课堂"的概念是相对于"传统课堂"而言的。①

事实上，上述两种视角的认识是紧密关联的，利用信息技术创设富有智慧的课堂教学环境，其根本目的也是促进"知识课堂"向"智慧课堂"转变，实现学生的智慧发展。

（二）智慧课堂的特征

1. 教学决策数据化

智慧课堂通过实时采集学生的学习数据，对学生的实际学习效果进行分析，准确把握学生的学习状态，明确掌握每一阶段的目标。同时可凭借数据反馈结果，及时调整教学情景，转换教学方法，以达到促进学生教育班级整体个性化的效果。教师可以从学生登录、停留时间、作业项目等方面了解学生的学习情况，便于有针对性地进行辅导。

2. 互动交流立体化

课堂中的师生互动可以采用更多的方式。学生们可以在小组中进行交流讨论，教师可以即时通过社交网络鼓励学生在个人学习空间内积极参与学习活动并完成学习任务。针对 PC 端，教师和学生之间可通过电子邮件、即时消息的形式进行互动。针对智能移动终端上"学习通""雨课堂"等软件实现课外的互动交流及问题探讨，不会受到传统课堂上时间或地点的限制，更加立体化，师生之间的联系更加紧密。

3. 教学活动多样化

智慧课堂环境有新型设备与技术的支持，比传统课堂教学更加多样化和生动化。学生可以借助智能 APP 及新型移动智能终端设备，极大地拓展传统课堂的功能，对课堂环境的智能化具有创新意义。在智慧课堂中，教学评价伴随教学数据的动态生成，运用数据挖掘、分析呈现更客观准确的评价，即时发送到师生手中，便于师生及时调整教学策略，增加课堂灵活度。教师与学习者在智慧课堂中教学相长，在教学过程中，互相帮助发现、掌握知识，在此基础

---

① 王晓文，高志军. 用几何画板构建智慧课堂 [M]. 银川：宁夏人民教育出版社，2019：103.

上,运用知识、思维碰撞,还能创造知识。泛在化的技术运用于智慧课堂教学全程,帮助发现知识、内化知识、运用知识,启迪智慧,以期创造新知识。智慧学习借助信息技术,实现各种学习策略、教学模式的综合运用,在教学中培养学习者的分析性思维、创造性思维、综合性思维及发散型思维。

4. 个性协同化

智慧课堂应体现个性化教育,基于不同学习者的个性差异(如能力、风格偏好、认知)为其提供可供选择的不同学习策略、路径和学习指导等;而在完成因材施教的基础上,又应注意培养学习者的协同合作能力,通过学习共同体等的建设提高课堂效率,让不同的学习者达到思想与智慧的交融,最终达到高阶思维能力、创新思维能力等的提升。

5. 智能跟踪化

随着大数据、学习分析学等新兴技术对于教学的支撑,智慧课堂应记录每位学习者的学习历程,通过对教育数据的智能化挖掘来分析学习者的学习效果与评价,其中应包括记录学习者学习成长的个人档案袋等。

6. 评价反馈即时化

智慧课堂教学中采取动态伴随式学习评价,即贯穿课堂教学全过程的动态学习诊断与评价,包括课前预习测评与反馈、课堂实时检测评价与即时反馈、课后作业评价及跟踪反馈,从而实现了即时、动态地诊断分析及评价信息反馈,重构形成性教学评价体系。

(三) 智慧课堂与传统课堂的区别

1. 教学模式发生根本转变

在互联网时代,智慧课堂在教学模式上发生了根本性的变化。首先,传统课堂主要是教师将备课的内容讲给学生听,再由教师进行提问,由学生给出答案。在传统课堂上,教师往往按照自己以往的教学经验对学生进行知识的传授,这个过程存在着一定程度上的局限性;而智慧课堂主要是运用计算机、网络等各种信息平台进行授课,从而构建起一个信息化、智能化的教学模式,更有效地提高教学质量。其次,传统课堂主要是采用"先教后学"的教学方式来授课,这不利于提高学生主动学习的热情;而智慧课堂主要是课前根据学生的学习需求制订相应的学习计划,选择合适的教学方法,以此来提高学生学习的积极性,从而推动教学效果的提高。①

---

① 史岩. 新媒体时代智慧课堂教学模式及实施策略探析 [J]. 长春大学学报, 2020, 30 (6).

2. 教师担负的角色发生转换

随着互联网的普及，教学模式也悄悄发生着转变，即由先前的传统课堂逐渐向智慧课堂转变，这个过程中教师担任的角色也随之改变，即由教师为主体向学生为主体转变。传统课堂主要是以教师教为主，学生听为辅，教师在课堂上起着主导作用。这样会导致教师与学生在课堂上的互动较少，学生的参与性与积极性也越来越低，不利于学生学习主动性的发挥；而智慧课堂则打破了这种惯有的教学方式。智慧课堂将信息化的手段引进课堂，将教学资源进行充分整合，利用各种数据对学生进行全方位的教学，学生能够充分参与其中，让学生在课堂上充分发挥其主观能动性，从而实现学生在教学中的主导作用。课堂上师生角色的转变，促进了教育效果的提高，满足了时代进步的要求。

3. 学生的思维方式更加开阔

智慧课堂是在传统课堂基础上的延伸和进步，二者在学生思维的开发效果上存在着一定的差异。传统课堂的教学模式一成不变，因此无法调动学生的积极性，不利于学生参与其中，不利于学生开放性思维的培养。而智慧课堂是一种动态的、开放性的课堂。在教学前期，教师课前通过多媒体信息平台收集学生的学习需求，制订与学生匹配的教学计划。课堂上，师生之间还可以究其问题共同探讨、进行无障碍交流，促进预期教学效果的达成。这种协作式的课堂教学方式可以让师生之间的观点和思想发生碰撞，从而激发学生无限的想象力和创造力。智慧课堂充分利用网络各种信息资源，让教学资源从封闭走向开放，从而打开了学生的思维方式。

二、智慧课堂下大学英语口语教学存在的问题

智慧课堂教学模式下，目前存在学生口语表达能力两极分化、个性化教学未充分实现、课程评价体系有待优化等问题限制了大学英语口语教学质量的进一步提高。

（一）个性化教学未充分实现

智慧课堂为大学英语口语大班个性化教学提供了条件，但目前教和学两方面的个性化均未充分体现。一是教师的教未充分体现个性化。虽然智慧课堂实现了提前预习、及时反馈、以学定教、针对性辅导的良好局面，但很多高校按年级分平台教学，同一平台下所有班级教学目标、教学内容和教学组织形式均一致，没有考虑各班学生的个性差异。统一的教学安排，能满足大部分的学生，但未照顾到口语表达能力较差的学生，也没有给口语表达较好的学生提供发展空间，不能满足不同学生的个性化学习需求。二是学生的学没有充分体现

个性化。虽然智慧课堂为学生提供了泛化学习资源，学生可以随时随地进行学习和交流，但部分同学因课程考核才完成学习任务，未适应自主学习，更缺乏学习反思，除了被动完成教师安排的任务外，很少再进行个性化的口语补充学习和实践。

（二）课程评价体系有待完善

智慧课堂使大学英语课程考核得到改革，形成过程性考核和终结性考核相结合的模式。这种考核模式很大程度上提高了学生的学习主动性，但还有待完善。

一是课堂活动评价的有效性有待提高。智慧课堂应成为探讨、合作、师生双向交流的场所，课堂活动评价由学生自评、生生互评和教师评价相结合，帮助学生及时反思学习中存在的问题，取长补短，及时得到鼓舞，激发学习动力。但目前活动评价较主观，无评价标准，重分数，轻具体评价。

二是课程考核比例有待调整。很多高校大学英语课终极性考试内容一般为听力、词汇、语法、阅读、翻译和写作，未将口语考试纳入期末考试中，没有引起学生对口语学习的重视。即使有的高校将口语纳入期末考试，但没有标准的评价依据，评价较主观，不能充分发挥口语考试对教学的反拨效应。有的高校未将四级口语考试成绩纳入学业考核中，不能调动学生努力提高口语的积极性。

三、智慧课堂在大学英语口语教学中的应用路径

（一）全面提高学生的自主学习能力

智慧课堂下，学生如果没有较好的自主学习能力，将直接影响其学习效果。自主学习能力的提高，除了学习兴趣、学习策略的应用外，需要教师转变教学策略。

一是要让学生清楚教学目标和要求，指导学生确立口语学习目标并制订适合的学习计划。学生有目标，有计划，才能利用好线上线下学习时间，管理好自己的英语自主学习进程并反思自己的口语学习。

二是课堂设计要创造适合学生自主学习的条件。教师在课前、课中、课后各阶段的活动设计都要有利于学生自主学习的展开。例如，课前，教师利用智慧课堂教学平台在线发布学习资源和学习任务，要求学生自主学习，查询整理信息才能完成测试和开放性问题的讨论。课中，教师多设置有挑战度的开放性问题，开展小组合作学习，引导学生主动思考。课后，布置与课堂内容相关的

小组口语实践活动,培养学生的合作精神,促进其自主构建知识,形成自主学习能力。

(二) 实施班级分层教学

为了更好地实现个性化教学,教师可在班级开展分层教学,实现课前、课中、课后个性化教学。

一是确立个性化教学目标。教师通过学生的英语入学考试成绩、问卷调查等手段充分了解学生的个体差异,将班级学生分为 A、B、C 三个层次,并确定好分组。再结合学校人才培养实际,参照大学英语教学指南口语教学目标,确立三个层次不同的口语教学目标。

二是确定个性化教学内容和教学设计。课前,分层发布预习资源和学习任务。如口语学习兴趣低的学生,可推送情境性较强的微课资源,激发其学习兴趣。口语学习兴趣高,基础较好的学生,可推送探究空间大的学习资源,激发其深入思考。分层推送资源后,教师根据学生预习反馈,确定上课内容和分层教学目标。课中,以问题为导向开展小组合作学习。问题的设计要有梯度,保证不同层次的学生都能积极参与。课后,根据学生课前、课中学习情况,分层布置个性化作业,并根据作业反馈,针对性进行线上个性化辅导,补充推荐相关学习资料供学生拓展学习。[1]

(三) 注重语境教学

语境教学主要是以培养学生的语言应用能力为教学目的,根据语境理论来进行教学的方法。这不仅有助于帮助学生正确理解词语的使用场合,而且使学生更多地了解英美文化。而高校英语口语学习本质上是一项实践性很强的技能,仅靠教师在课堂上讲授英语口语的表达技巧、机械式地对课本进行朗读或者简单的情境交际训练还远远不够,如果在教学过程中能够较好地利用移动互联网展开英语口语教学,使学生在移动互联网上进行自主、持续的英语口语训练,将会大大提升英语口语的教学效果。所以,在高校英语口语教学中,应适时把移动互联网和语境教学有效地结合起来,创设高校英语口语智慧教学环境。

在高校英语口语教学过程中,教师可以根据教学需要创设移动互联网情境会话的任务。要求学生按一定的排列组成小组进行移动互联网的英语口语会话练习,模拟会话情境,并将训练好的作为榜样展示出来。教师还可通过移动互

---

[1] 吴明霞. 智慧课堂背景下大学英语口语教学优化路径 [J]. 现代英语, 2021 (24).

联网在线方式，及时对口语会话和学习过程中所出现的问题进行答疑与指导，对每一组，甚至每一位学生进行点评，加强与学生的互动交流。在下一次高校英语课堂上，教师也可以集中讲评移动互联网作业的检查情况，对照该作业的目的和评价标准去总结优缺点，也可以选播一些在移动互联网上提交作业学生优秀小组的口语学习和对话的视频，提高学生对下一次英语口语移动互联网学习的积极性。这样势必会极大地提高学生口语练习的兴趣，提高学生学习口语的热情，同时也确保了每一位学生投入口语练习当中，解决了课堂时间有限、练习有限的弊端。每位学生都开口"说"，发音问题得到及时纠正，从而建立自信，有利于学生口语能力和语言交际能力的提高。

（四）完善课程考核体系

在口语教学实践中，要完善考核方式，推动课堂激励机制的形成。

一是优化课堂活动的评价体系。教师要设置课堂活动评价量化指标。学生参与课堂活动后，组织学生按指标开展及时、具体、有效的三方评价，表扬其做得好的地方，指出其不足之处并提出具体改进建议，让学生在心情愉悦中找到改进方向，其他学生也从中获取有用信息并完善自身知识结构，学会有效自评和互评，这样学生参与活动的热情和口语表达能力均得到提高。

二是提高口语成绩在高校英语课程中的比重。一要降低或取消出勤所占分数，提高课堂活动表现分数。学生到课不加分，但缺勤要扣分。这样既保证学生的出勤，也促使学生积极参加课堂活动。二要将口语考试纳入高校英语期末考试中并制定符合实际的评价标准。此外，根据实际情况，可将四六级口语考试成绩纳入学位授予条件中。

三是开展高校英语智能化测试。过程性考核成绩在学习平台一键导出，终结性考核（含口语测试）采取系统随机组卷机考的方式。机考后，系统批阅客观题，教师批阅主观题，最后系统完成合分。

第四节　混合式教学

一、混合式教学概述

(一) 混合式教学的内涵

混合式教学,既将在线教学和传统教学的优势结合起来的一种"线上"+"线下"的教学。[1] 通过两种教学组织形式的有机结合,可以把学习者的学习由浅到深地引向深度学习。

混合式教学主要通过三个层面展开:第一,通过检索线上的教学资源,为学生提供详细的知识讲解内容;第二,将线上教学资源引入传统课堂教学中,实现对知识的巩固学习;第三,运用混合式教学模式后,教师需要根据学生的线上线下学习效果,展开综合性的考核评价,根据反馈结果进行教学模式的调整和优化。混合式教学在课堂中的有效应用,使学生的学习不再受到地域和时间的限制,实现了随时随地学习知识,真正强化了教学的针对性和有效性。

(二) 混合式教学的特征

1. 以学习者为中心

混合式教学在应用过程中始终都是以学生为中心的,教师不再是课堂教学的主体,师生交流成为教师关注的重点。教师的角色发生了明显的变化,教师开始在学生学习过程中扮演辅助性的角色,是学生自主学习的促进者。

混合式教学吸收了面对面学习以及在线学习的优势,无论是教师,还是学习者,都能从混合式教学中获得益处,教师可以在更大程度上调动学生的学习积极性,而学生则可以在学习中获得较多的学习经验。混合式教学环境给学习者提供给了很大的自由,学习者可以根据自身的需要进行学习节奏以及进度的调整,也可以自主选择课程与教师。在混合式教学的任意一种模式中,学生的学习需求都是首先被考虑的,同时也会给予学生较大的课程选择权,学生可以根据自己以及教师的情况自由选择课程进行混合式教学。在这一过程中,教师还要时刻关注学生的心理变化,根据不同学习阶段学生的心理特征,有针对性

---

[1] 黄均峰. 基于混合式模式的 VB 教学新视角 [J]. 计算机时代, 2019 (2).

地进行教学活动。

2. 知识传播灵活

传统的教学模式中，知识传播的知识形态相对静止，仅仅局限于课堂教师的讲授，而网络教学的知识传播流动性及知识分散性太大，不利于学生进行知识的巩固。混合式教学模式在结合二者优势的基础上，对流动性较强的知识进行了有效整合，使学生在有效的时间内，根据教师下放的知识内容进行高效地学习，并且这一学习不局限于课堂，甚至任何场所，学生只需要在能收取教师下放的知识内容的任何场所都能进行操作，真正做到知识获取的无界限，使学生能够更灵活地获取知识。

3. 师生关系融洽

传统课堂教学中师生关系是面对面地进行交流互动，关系亲密，但局限于课堂教学的有限时间，教师并不能在有限的时间内关注每一位学生，因此，这种交流仅仅是个别学生间的；网络教学由于师生交流可能不在同一时间点，导致师生关系疏离。混合式教学强调师生，生生间的合作与互动，不仅结合了传统课堂教学的教师课堂讨论点评，还结合了网络，对有限的课堂时间进行无限的延伸，使教师课后能够继续与学生保持互动，这种融洽的师生关系更利于学生学习积极性的提高。

4. 教学评价合理

传统的教学评价主要是对学生进行结果考核，网络教学则过于注重过程性评价。混合式教学在结合二者的基础上，一方面利用过程性考核，一方面利用结果性考核。[①] 教师在对学生进行过程性考核时，会通过传统的纸质作业及测试的方式，以及利用互联网制定的个性化的视频作业，课堂中的小组练习等方式。结果性考核除了利用传统的期末考试的方式，还可以通过课程论文答辩、PPT学习成果展示等。多样化的教学评价体系比传统教学与网络教学更为合理，对学生教学评价更为准确。

二、混合式教学在大学英语口语教学中应用的意义

（一）优化学生的口语知识结构

随着社会的发展，复合型人才受到企业的欢迎。通过运用信息技术开展混合式教学，教学者可转变传统笼统授课的形式，让学生的口语知识更为多元，优化他们的口语知识结构，将学生打造成为复合型人才，适应社会的发展需要。

---

① 马海欧. 混合式教学在英语专业口语教学中的应用 [J]. 卷宗, 2020 (22).

(二) 提升学生的口语表达水平

在开展混合式教学方法过程中,教师可运用信息技术的丰富性和相关性,构建相应的英语口语教学情境,让学生投入多种多样的情境中,采用不同的方式表达个人的看法,提升他们的口语表达水平。[①] 与此同时,教师可采用慕课教学方式,让学生在课下进行相应英语知识的学习,并在课上开展相应英语的对话,让学生的口语表达能力得到提高。

(三) 增强学生的口语综合素质

在混合式教学法的运用过程中,部分英语教师可采用开放式的问题,让学生结合多种要素记忆口语对话,增强他们思维的发散性。与此同时,教师可为学生提供展示个人思维才智的空间,并结合学生的实际表达状况进行针对性的指导,让学生获得英语表达水平以及思维能力的双重提升,增强他们的口语综合素质。

三、混合式教学在大学英语口语教学中应用的策略

(一) 树立以学生为主体的混合式教学观念

以建构主义学习理论为基础的混合式教学的核心观点认为学习者是学习过程中的认知主体,每一阶段的都应发挥主观能动性,按需而学;教师则是帮助学生构建和形成新知识的引导者。混合式口语教学的线上学习部分为学生提供了更多选择,使他们可以循序渐进地按照个人水平和需求进行练习,特别是对于一些口语表达能力较弱的学生,有助于提升他们开口说英语的信心。网络的泛在性也让随时随地进行口语学习得以实现,激发学生学习的兴趣。在线下课堂教学过程中,教师可以针对学生线上练习反映出的共性问题进行指导和纠正,通过设计合理的语言实践活动,引导学生主动投入口语交际学习,增加他们课堂上开口说英语的时间和比重,将课堂真正还给学生,并在学生需要时进行发音、表达方面的纠错和解答。

(二) 用多种形式口语教学方式

在大学口语教学中,教师可以组织多种形式的口语模式,让学生融入其中获得口语表达能力的提升。在实际的课堂实践中,教师可借鉴如下的方法:

---

① 管琳. 试论混合式教学在高校英语专业口语教学中的应用路径 [J]. 现代英语, 2021 (22).

①开展情景剧

教师可利用大学生具有较强发散性思维的特点,开展情景剧口语教学,让学生在编写、表演相应的情景剧时从不同的角度运用英语知识组织英语剧本,最终达到提升学生英语表达能力的目的。

②构建对话情境

教师可借助多媒体构建对话情境,让学生融入其中,充分运用个人掌握的英语知识进行表达,最终达到促进学生英语口语表达能力提升的目的。

③开展配音教学

教师可组织学生进行配音比赛,并以学生口语表达标准性为依据,为他们打分,让学生逐步掌握口语的表达技巧,锻炼他们的心理素质,提高口语教学的实效性。

④开展实践教学

教师可以组织多种形式的实践教学,如可邀请外国友人走入英语课堂,让他们与学生进行沟通,使学生在与外国友人的沟通中掌握具有实用性的口语表达技巧。通过构建多种形式的口语教学方式,教师让学生感受到英语口语学习的趣味性,锻炼他们的综合表达能力,获得良好的口语教学效果。

⑤开展英语演讲

教师可以以节日为依据组织学生进行英语演讲,在锻炼学生心理素质,提升学生口语表达能力的同时,丰富口语教学形式。

(三) 建设立体化的混合式教学资源

信息技术的发展和泛在网络的实现使得有关文化、教育、科技、经济、社会等各方面的教学资源唾手可得,从而构筑了立体化的混合式教学资源,包括课堂学习资源+课外学习资源+教材资源+数字资源、自制学习资源+他人学习资源等多种形态。在此背景下,口语教学的学习资源不应止步于统一的纸质教材及教师提供的音/视频素材,而要拓展至能满足学生查阅需求的计算机网络平台。通过平台,学生可以共享精彩、丰富的国内外教学资源,或者按照自己的专业和需求选取学习内容并运用于口语交际中,这不仅有助于练习日常英语交际,还有助于今后工作和国际交流。这也正是当前大学英语课程提出的要求。同时,教师可以录制微课视频并上传至平台,通过远程直播、在线会话等方式,为学生课上课下的学习提供资源保证,以激发学生的学习兴趣,提高其学习效率。

(四) 建立多元化的混合式教学评价体系

混合式教学模式强调发展学习者的主体性、主动性和自主学习能力，因此评价方式也应多元化，如线上线下相结合、形成性评价和终结性评价相结合，以便对学生学习状况进行及时反馈，并对其学习水平做出立体、客观的测评。在线上自主学习阶段，教师可以对学生在线学习的状态、进度、态度做记录，并作为评价的依据。信息技术的应用大幅提高了教师线上答疑的效率，不仅有利于师生一对一地解惑交流，还有利于教师了解学生的努力程度、自主学习能力、英语口语水平等，从而做出更全面的评价。线下面授时，教师根据学生课堂交际活动中遇到的实际问题给出指导，根据学生的反应调整教学方式，并对学生的参与程度、交际水平、口语表达能力等做出评价。线上线下的形成性评价与学期末以考试为主的终结性评价相结合，可以更客观地评价学生的英语口语水平和学习能力，进而促进学生潜能的发挥和积极性的养成。[①]

四、混合式教学在大学英语口语教学中应用的阶段

(一) 课前预习

教师根据本单元的授课计划和授课要求需要进行一些课程准备，教师应当整理好教材内容，明确教学重难点，根据学生的具体情况进行合理的教学设计。提前上传本单元即将要讲授的课件及视频，要求能够直观且循序渐进地体现本单元的学习任务，并给到相应的口语任务。学生则需要下载学习内容，提前做好预习工作，通过线上和教材等多方面渠道完成口语课程的课前准备工作，为课堂教学做好准备。得益于线上资源不限制于时间和地点的优越性，学生可自行合理安排完成学习任务。

(二) 课堂授课

在线下授课阶段，教师首先应对学生在课前完成的预习内容或提出的相关问题进行答疑，其次可以拓展相关话题，抽查学生的预习情况是否达到预期效果，并安排学生进行课堂成果展示。这样一方面给学生提供了一个在多人面前练习口语的平台，另一方面又很自然地引出课题，很好地导入了新课。教师不仅可以对学生进行学法指导，还可以在学习策略上给出可行性意见。教师应采取多样化的教学方式，鼓励学生积极参与课堂活动，不过度强调和纠正语法知

[①] 曾一轩. 信息化背景下混合式教学在大学英语口语教学中的应用 [J]. 英语教师, 2018 (18).

识的准确性，更强调表达能力以及口语的流利程度。教师可通过分组讨论，角色扮演，个人演讲等多种形式来为学生创造更多的口头表达机会。改变传统的以教师为主导的填鸭式教学模式，变成以学生为中心，从而使学生拥有主动学习和表达的能力。

(三) 课后巩固

学生需在课后及时复习巩固所学的课堂英语知识，对于相应的课本知识的所学资料进行巩固。此时教师应考虑到学生程度的差异性，可酌情补充些音频、视频、文件等供学生自主拓展学习。学生可以以个人或小组形式完成作业并通过网络及时传给教师，教师则可以不受地域限制，自行分配时间批改作业，做到及时跟踪学生的学习情况，监控作业完成质量。英语口语课程还是更看重学生口头表达能力，故可以多看一些演讲类的视频，并试着模仿，下次课的时候可以安排学生进行小组表演或是个人演讲，给学生提供一个口语交流的平台和机会，使学生从不敢说到愿意说，学生的主观能动性加强了，学习就简单多了，从而更好地培养学生的语感及口语表达，最终实现口语能力的提升。

第八章　其他大学英语口语教学策略

随着全球经济一体化进程的加快，中国与世界各国之间在政治、经济、文化等方面的联系进一步加强。而英语作为一种国际性语言交流工具，在对外交流活动中发挥的作用也越来越重要。具备一定的专业文化知识，还要能用英语与外界进行交流是当今社会对人才的要求。这一趋势对大学英语教学，特别是对口语教学提出了更高的要求。除了前几章提到的教学策略以外，大学英语口语教学策略还包括 OBE 理念、多模态教学、PBL 教学、产出导向法。本章主要对这些教学策略进行了分析。

第一节　OBE 理念的融入

一、OBE 理念解读

（一）OBE 理念的内涵

OBE（Outcomes-based Education，OBE）教育理念即成果导向理论，指的是秉承以学生的毕业要求及学习成果为导向，对教学大纲、教学过程进行设计，以实现学生毕业要求与学习成果的教育过程。具体而言，主张通过学校的办学实际情况，教师及学生的基本特点以及学生的学习方向与目标，通过一系列的学习过程促进目标的实现。[①] 因此，OBE 理念的内涵包含：（1）强调教育最终的目的与结果；（2）根据教育的结果对课程教学的内容及方法进行规划与设计，最终都是为了促进学习目标的最终实现。在整个教育推进的过程中，

---

① 苟晓茹. OBE 理念指导下的高职学前英语口语课程教学改革探究［J］. 黑河学刊，2020（03）.

就需要促使学生明确自己的学习目标，并努力实现，通过最大程度挖掘学生学习的积极性，促使学生实现目标；（3）学生的学习成果反馈都以教师评判作为最终标准，对此教师需要不断地创新教学方式与手段为学生学习创造良好的氛围，并通过制订针对性的学习计划，促使所有的学生都能够获得知识的提升与学习进步。

（二）OBE 的特点

OBE 的特点包括五个方面。一是协同性教学。在课程教学方面，OBE 强调教师教学的协同性，通过长期沟通、互相协同、协助合作来设计、实施和评价课程教学。二是合作性学习。在课程学习方面，OBE 强调合作式学习，将学生之间的竞争转变为自我竞争，即让学生不断挑战自我、提升自我，尝试"摸高"，使学习能力由较弱变为渐强，然后达到更强。三是顶峰化成果。在成果认定方面，OBE 不像传统教育中用学生学习的平均成绩代表最终成绩。OBE 聚焦的是学生顶峰化成果，即学生的最高成绩代表最终成果，不计最低成绩，其不影响学生最终成绩认定，从而鼓励学生逐步朝前走，拥有顶峰化成果。四是包容性成功。在能力培养方面，OBE 不像传统教学评价将学生成绩划分成优、良、中、差等级，学生被分成了不同等级的成功者。OBE 认为所有学生都是成功的学习者，仅将学生进行结构性划分，引导每一位学生都走向成功，成为成功的学习者。五是达成性评价。在课程评价方面，OBE 强调学生跟自己比较，不跟他人比较，强调是否已经达到了自我参照标准。由于不同学生采用的参照标准不同，故评价结果在不同学生之间没有可比性，强调每个学生达成自我参照标准。

二、OBE 理念的重要性

OBE 具有多种形式，大学可以根据 OBE 自身的灵活性有效地将 OBE 理念渗透到英语口语教学工作中，从根本上培养英语综合专业复合型人才，提升大学生在英语学习中的记忆、口语能力等。针对当前很多大学生对英语学习失去兴趣的情况，大学英语教师要利用 OBE 理念制定具体教学计划，注重 OBE 教育理念最终的学习成果，制定培养学生学习主观能动性的教学方案，培养学生养成自我学习、讨论学习以及反省学习的基本模式，另外，OBE 理念可以促进改革传统教学评估机制，完善创新学生成绩评价体系的建立。大学在英语口语教学中有效渗透 OBE 理念，可以改变学生以往考试前死记硬背的机械学习状况，针对不同学习时期制定不同教学方向，设立不同教学目标，层层递进阶梯式教学方法，促进学生每个阶段的学习成绩，并且有利于教师及时发现不足，实现大学生学习目标最终实现。

三、基于 OBE 理念的大学英语口语教学策略

（一）设定教学目标

以 OBE 为理念的教学设计是一串成功通往教学目标的任务链，它极为关注任务设计的有效性。同时 OBE 关注学生产出成果，以成果来判断学生的学习效果，这本身就是一种监控。OBE 理论关注学生的学习成果，关注成果的产生所需要的教学设计、评价标准以及评价体系。只要学生去执行教学设计的各个步骤，一般就能实现预设的学习成果。为此，英语教师设置合理的学习期望、制定明确的学习目标，就成为 OBE 理念下英语口语教学的首要环节。在这一总目标之下，还可以继续制定各个阶段的分目标，让学生始终有进步的方向。

（二）设计模块内容

结合当前大学英语口语教学实际，对其进行模块化设计与模块内容设计。从大学英语口语教学的内容体系来看，可分为三个模块，各模块内容分别如下。模块一，口语表达基础模块，具体的专项训练包括词汇储备、朗读技能训练、发声技能训练。模块二，身体语言和思维能力模块，具体专项训练包括心理素质训练、态度训练、批判性思维训练。模块三，跨文化交际与演讲能力模块，具体专项训练包括跨文化知识储备、英语人际交往技能训练、英语演讲能力训练。

（三）创新教学方法

基于 OBE 理念的口语教学，除了在课程内容、教学目标上有所创新，也要求英语教师必须结合当代大学生的特点，在教学模式上追求新的突破。例如，使用情景教学法，英语教师可以通过模拟课堂，将学生置于特定的情境下，然后让学生分别扮演其中一个角色，完成交流与对话。这样既可以达到营造活泼课堂氛围的目的，同时又让学生将感情融入交际中，让学生的口语表达更加委婉和富有感情。另外，教师与学生还可以随堂进行互动，或是提出一些问题，通过这种方法锻炼学生的思维灵活性和语言组织、口语表达能力。

（四）优化考评机制

OBE 理念下对于教学成果的产出也高度重视，这也是决定 OBE 理念在英

语口语教学中实际应用成效的一种直观的、有效的方式。为此，英语教师还必须采取配套的考评机制，更加准确地反映大学生英语口语水平，以及经过一段时间训练后成绩的提升效果。对于口语交际能力的评价，也要提供一套完善的考评标准，将各个评价指标尽可能地量化。考评结果的组成包括两方面，其一是课堂表现，包括小组讨论情况，问题回答情况等；其二是特殊活动的考核，例如组织的英语辩论赛等，学生在活动中对于英语口语的运用与表达，也是考评的重要组成。

（五）突破课程专业学科壁垒

1. 打破课程学科壁垒，强化听说读写协同教学

口语教学不能仅仅局限于听说课上，口语训练更应该融会贯穿到大学英语读写课程中去，将同一学科的不同课程有机结合起来。读写课程应当与听说课程相辅相成、共同发展，前者为后者的教学打下坚实的基础，后者为前者的教学提供更多的可能。一方面，在大学英语读写课上，老师可以专注于学生英语基础知识能力的培养，扎实学生的英语基本功，做好语言的输入工作，为口语课上语言的输出做好充分的准备，同时避免了重复的词汇教学占用太多有限而宝贵的口语课堂时间，让学生不再出现读写课上学单词、听说课上还学单词的现象，大大提高教学效率。另一方面，大学英语口语课的教学成果也能反作用于大学英语读写课上，只有当学生具有较好的语言应用能力尤其是口语能力的前提下，大学英语课上很多有趣的课堂活动比如小组展示、话题讨论、角色扮演等才能在课上真正落到实处、有效地开展起来。

2. 打破课程专业壁垒，重视不同专业课程关联

当前口语教学改革应当打破不同专业间的壁垒，可以根据学生的专业定位和具体就业需求将不同专业的关联课程有机结合起来。例如，对于商务英语专业来说，它的课程设置就是将商务英语本专业学科与外贸函电、物流管理、国际贸易实务等其他专业学科有机结合起来，培养具有宽阔的国际视野、掌握专业的国际商务知识与技能的应用型、复合型商务英语人才。这样的成功教学经验同样可以推广到大学英语口语课程设置上来，比如说，大学英语口语课程可以和国际经济与贸易、旅游管理、国际汉语教育等专业以及心理学、交际学、西方文化、演讲与口才等相关课程有机结合起来，可以与有关专业的双语课程结合起来，扫除学生的社交心理障碍，增加学习的趣味性、多元性，不同专业学科间的融会贯通将有助于推动大学口语教学水平的整体提升。

（六）紧跟新时代教学新思潮

1. 更新教师教学观念，转变教师传统课堂角色

从思想上真正唤醒老师的改革意识，努力打造老师引导者、组织者、协助者、合作者的全新角色定位，鼓励老师学习使用先进的口语教学方法比如情景教学法、互动教学法、任务型教学法等，开展丰富多彩的课堂教学活动。充分利用现代信息化教育手段，探索线上线下混合式教学模式，课上积极尝试微课、翻转课堂的运用，创新互动交流模式，给原本枯燥乏味的口语课堂教学注入新活力；课下引导学生自主学习，推广手机 App "掌上教学"，推荐使用学习通、U 校园、批改网、流利说、沪江网校、英语趣配音等辅助性学习手段，通过课下学习助力学生参与各类英语比赛，也更加容易获得学习的成就感和荣誉感，充分调动学生练习英语口语的积极性。此外，教师还应当注意建立网络教学平台资源，丰富各种口语训练资源，帮助学生开展自主学习。

2. 倡导合作型学习模式，创造同伴互助学习氛围

要转变传统的恶性竞争模式，发挥出人性最大的善意，促使学生作为教学主体以平等的地位开放的思想、合作的理念、共享的态度参与课堂教学活动来，最终实现互利共赢、共同发展的终极目标。每个人都在进步成长，整个社会才能发展繁荣，高等教育培养人才、服务社会的最终目的才得以真正实现。与这个理念相似的还有建构主义理论下提出的"同伴互助学习"，它指的是在学习知识技能时发挥同伴的支援作用的学习策略，这一策略是一种行之有效的教学手段，可以有效提高学生的口语表达和自主学习能力，突出学生的主体教学地位。

3. 提升口语教师能力，打造术有专攻教师队伍

现行大学英语课程安排，每名老师都肩负着听说读写译五种能力的培养。然而，术业有专攻，教师本身想要面面俱到、门门精通真的很难。反观雅思教学在中国的成功经验，将口语、听力、阅读、写作四门考试科目分别聘请该项高分特长老师担任教学工作，这些老师通过定期接受培训、参加雅思考试，分享考试经验，在课堂上以亲身经历指导学生学习，所以能取得显著教学效果。相比而言，不少大学英语教师缺乏专业化的口语教学培训，出国深造的机会又不多，具有地道纯正口语的教师成为稀缺资源，没有高质量的口语教师又怎么会有高质量的学生。

第二节　多模态教学的运用

一、多模态解读

多模态是指通过整合、编排或编织多种不同模式的符号资源而形成一个语篇。从人类感知通道的角度，多模态就是同时使用两种或两种以上的模态。人类生活在多模态的世界里。① 人们都是通常运用多模态来感知和交流的。例如，学生在课堂上学习，一边听老师讲，老师的"言语"模式所对应的是学生的"听觉"模式，一边看老师的动作演示和在黑板上的板书，老师的"手势、姿势"和"书写"等模式所对应的是学生的"视觉"模式。值得注意的是，有些模态，按照感知模态的划分标准，只是一个单模态，但却涉及两种或两种以上的符号系统，也就是说，按照符号系统多少的划分标准，这些模态也是多模态的。例如，报纸上的一篇新闻报道只涉及视觉模态，但它既有报纸的特定版式、色彩、字体，又有新闻的图片和文字，所以我们常常也把报纸看作多模态的一种形式。

二、多模态符号及模态间协同

在口语教学中，我们要运用听觉、视觉、感觉、语言等多种模态。在大学英语课堂中，教师上课说话的语气、声调、表情、动作、手势、着装以及上课使用的一些课堂工具如PPT、黑板、粉笔等都属于模态符号，这些模态符号的共同作用对整个课堂的意义构建起着重要的作用。

（一）听觉模态符号

口语课堂教学中接触最多的就是听觉模态符号。口语课堂中，教师发出的口语语言符号，大学生发出的口语语言符号，通过多媒体播放的电子音频符号或者音乐符号，同时包括课堂外的噪音以及这些声音的音调、音频、语气等都属于最重要的听觉模态符号。

---

① 刘俊杰. 新媒体与大学英语教学的融合及应用探究［M］. 北京：北京工业大学出版社，2019：104.

（二）视觉模态符号

比起听觉模态和符号在口语课堂上的重要地位来说，视觉模态相对辅助，但它对听觉模态的补充作用不可小视。在现代化的英语课堂中，视觉模态符号比较丰富，如教师的板书和通过 PPT 呈现的文字书面语言符号，图片和视频等图像符号；教师和大学生伴随语言的肢体动作、表情和眼神等肢体语言符号以及教室大小、桌椅的摆放方式等视觉模态符号。

（三）其他模态符号

除了听觉模态、视觉模态之外，还有嗅觉、触觉、味觉等人体感知模态。这些模态符号目前在英语教学中运用不多，但可以在特定的情境中尝试涉及。如可以让大学生在口语课堂上进行情境表演，在特定的情境下，可运用到花、水果、食物等的味道帮助意义传递。这些其他模态符号的恰当选择能丰富英语口语课堂的真实性和生动性。

因此，在大学英语口语课堂中，各种模态符号大多有独立的意义，通过相互补充形成完整的语境，这种协同作用不可或缺。

三、多模态在大学英语口语教学中的应用意义

第一，将多模态话语分析理论引入大学英语口语教学，能够更新教育教学理念。先进教育教学理论的引入，能够让广大教育工作者、学生进一步端正观念，树立正确的目标，重视英语口语能力的培养。在实践中，口语考试较难进行，完善英语口语考试制度势在必行。

第二，多模态英语口语教学为学生提供了有利的英语学习环境和条件。多模态教学是基于媒体间性之上的。媒体间性既包括不同媒体的综合与配合的多媒体，也包括同时运用几种模式的多模态。为使学生练习口语，视频、录音机、图片等多种教学媒体设备创造出了无处不在的学习环境、数字化与立体化的学习模式和一种真实的交流方式。不同的模式在一个合作、互补和和谐的关系中相互合作，共同完成沟通交流的口语任务。例如，借助视觉图像或图片，学生更容易理解取决于社会背景的对话的含义。[1]

第三，将多模态话语分析理论引入大学英语口语教学，能够进一步优化教学方式与手段。学生练习口语应被放置在多维的学习空间中，但由于大班授课，语音室没有被充分利用，限制了多种教学媒介的混合使用。但是，随着网

---

[1] 宋艳梅. 多模态大学英语口语教学效果研究 [J]. 山西青年，2018（19）.

络、智能手机功能的增加，教师可以利用虚拟学习环境，帮助学生进行多模态话语分析理论指导下的口语学习，如：教师可以建立微信群，借助微信群辅导学生进行口语学习。学生利用课余时间，以小组活动的方式，开展英语短剧表演等活动，用手机将短剧拍摄下来，上传至微信群分享，教师在微信群中对学生视频作业进行点评。微信群中可以展示视频、文本、图片等多种形式资源，学生可以利用该群进行交流，分享口语学习资源，共同提高口语水平。

第四，将多模态话语分析理论引入大学英语口语教学，能够提升学生英语口语水平。多模态话语分析理论引入课堂，能够更好地契合教学目标，突出培养学生听说能力的重心。教学中，将视、听、说等多种模态结合能够让学生有效筛选、接受、构建信息，突破学生口语薄弱的瓶颈，提高英语语用水平。结合视听素材进行角色扮演，是大班教学中较为有效的一种口语教学组织方式，其具体操作步骤为：首先，教师选取视听片段，通常为英文影片剪辑，时长3~5分钟，所选片段应以对话为主，内容尽量贴近授课单元话题，语言相对规范，语音相对标准等。其次，教师将视听片段播放两遍，让学生熟悉视频内容。然后，播放静音后的视频，让学生再次观看，此时可以给出英文字幕，并让学生以学习小组形式，进行排演，为视频中的人物配音。最后，让部分小组来教室前面进行角色扮演活动。

四、多模态在大学英语口语教学中应用的设计

（一）课程资源多模态设计

在信息技术与移动互联技术迅速发展的时代背景下，课程资源已不可避免地具有多模态属性，多模态的课程资源应涵盖教材资源、环境资源、网络资源及人力资源等。教材资源是课程资源的核心，环境资源诸如图书馆、语言实验室、音视频设备和多媒体设施等是课程资源的硬件基础，网络资源是海量教学资源和大量数据信息的重要平台与移动载体，极大拓展了多模态课程资源的范围和外延，人力资源则聚焦课程主体即教师资源和学生资源。[①] 课程资源的多模态立体建构以充分调动视觉、听觉、嗅觉、触觉、感觉等多种感官参与口语课程为目标，遵循互动性、多维性和有效性的原则，将各种课程资源有序整合形成良性互动，多维立体地呈现教学内容和教学过程，营造有效交互的多模态口语教学情境。

---

① 吴平平，赵芹. 多模态视域下英语口语教学研究［J］. 开封文化艺术职业学院学报，2020 (11).

(二) 教学模式多模态设计

课堂教学是由多种模态来共同完成的，这些不同的模态各自都是一个符号系统，在合适的语境中表达意义，达到交际目的。但它们在绝大多数情况下都不是单独用以实现交际目的，而是和其他模态来共同配合完成交际目的。教学模式的多模态协同建构贯穿于口语教学的全过程，即情景创设、语言输入、模拟演练、交流互动。情景创设阶段，教师应根据教学目标和教学内容的要求，挑选符合学生认知水平的语言材料，通过课堂布置、图片、声音及影像等多模态组合创设接近真实的交际环境，帮助学生快速融入交际场景，挖掘学习潜能和兴趣；语言输入阶段，教师借助声音、图像和文字等创设的交际情境，通过多模态示范，引导学生多感官输入口语素材，完善语言知识结构，构建英语思维模式，培养跨文化意识；模拟演练阶段，教师通过对话演练、小组讨论、分组辩论、短剧表演和配音模仿等多种教学手段，引导学生在接近真实的语言环境中进行多模态口语输出，帮助学生克服口语焦虑和交际恐惧；交流互动阶段，这是口语教学的最终目标，教师通过多模态手段，借用多媒体设备和网络资源营造语言交际环境，刺激学生调用包括声音模态、视觉模态和手势模态等多模态参与交际过程，形成多模态交际能力，提升语言综合应用能力。

(三) 教学环境多模态设计

传统英语口语课程大多采用单一模态，主要通过教师讲解，学生进行简单模拟练习，这对学生英语口语水平的提高很难起到有效作用。在多模态教学模式指导下，教师可创设多模态教学环境，创设与主题相关的图片及实物来刺激学生的感官，通过三维且立体的形式给学生进行全面的信息输入。[1] 比如，以美食推荐为话题的口语课，课前教师要求学生搜集自己家乡的特色美食的照片，并通过课件的形式介绍美食的制作方法及特色，如果条件允许，鼓励学生准备美食实物。正式上课时教师播放一段国外美食介绍的视频，播放结束后教师引导学生对视频中出现的介绍美食的句型及词汇进行归纳总结，方便学生在之后的口语练习中使用。最后教师设定国际美食博览会的场景，要求各位学生上台将各自家乡美食推介给外国来宾。课堂中一部分学生将家乡风味小吃带进了课堂，并配有生动形象的讲解，讲解结束后还安排了美食试吃环节。教师通过图片、视频、真实环境的设定以及最后的美食试吃环节等多种模态融入教学

---

[1] 罗炜，唐年青，刘许. 高职英语口语课程多模态教学模式构建 [J]. 河北职业教育，2020 (1).

环境，充分调动了学生的感情共鸣，使学生通过这种新颖的课堂方式轻松掌握此话题所需词汇句型，从而做到活学活用，运用自如。

（四）教学评价多模态设计

评价机制的多模态体系建构应涵盖以下三方面。

首先，评价方式的多样化。应将重视学生学习过程的形成性评价与重视学生阶段成绩的终结性评价有机结合，互相补充。

其次，评价主体的多元化。评价主体应由单一的教师评价转变为教学双方的互动与合作评价，教师的角色在评价决策者的基础上进一步衍生出评价组织者的新身份。

最后，评价标准的立体化。立体化的评价标准应在学生端的评价基础上拓展教师端的评价新维度，即以学生的口语能力为基础，包括综合语言能力、互动交际能力、自主学习能力和沟通协作能力，在此基础上结合教师的多模态运用和整合能力，包括课程资源调用、教学模式革新、信息技术运用能力等，综合评价教学双方在多模态协同下的教学效果。

五、多模态在大学英语口语教学中应用的策略

（一）教师培养的多模态化

在口语课堂教学的过程中，无论是言语还是非言语输出，都会直接或间接地对大学生的语言输入产生影响。在大学英语口语课堂中，听觉模态是教学的主模态，这就对教师的话语质量提出了很高的要求。首先，教师应参加相关的专业课程学习，加强理论指导，提高自己的理论素养和多模态口语教学能力。其次，教师要努力提高自己的口语表达能力，使用准确的语音语调。教师还应该通过动作、手势和面部表情等视觉模态符号来补充和强化自己的话语意义，提高对培养大学生多模态口语交际能力重要性的认识。最后，教师要多向同行学习，组织丰富的口语课堂活动，如演讲、辩论和角色扮演等，使大学生也成为听觉和视觉模态的发出者。

（二）多媒体应用的多模态化

多媒体在教学中已被广泛使用，如 PPT、幻灯片、人机对话、网络课程等。首先，多媒体课件用于大学口语教学，通过设计合理、针对性强、具有可操作性的任务，把声音、画面等各种符号在课堂上使用，增加了教学的信息量，并且与环境、教师和大学生有机结合，达到最佳的教学效果。通过多媒体用固定的模板制作 PPT，可以根据自己的需要将文字、图片、音频和视频粘贴或者链接上去。教师能按照自己意图自由独立地设计课件，还可以适时更新，不断将最新的信息和研究成果用于教学。其次，教师应积极利用网络等渠道，合理地利用多媒体设备，广泛收集选取与教学内容相关的有真实情景的图片材料、语音语调纯正且健康向上的视频内容等，给大学生视觉上的直观感受，充分调动大学生的各种感官。

（三）教学客体的多模态化

1. 教学环境的多模态化

教室可根据学校的条件来安排增加硬件设备，以便教师通过 PPT 或其他媒体来实现英语口语课堂的模态化。另外，英语口语课堂的座位安排可以参考国外课堂 O 型或 U 型放置。这样，每位同学有相对公平的机会受到教师的关注，同时也有助于学生在中间进行展示或与旁边同伴进行讨论。最后，教师应帮助大学生创建更多的多模态口语学习平台，如英语角、英语沙龙、英语晚会等。

2. 教学内容的多模态化

多模态口语教学材料包括书面教材、图像照片、表格、音频、视频和动画等。比如让大学生模仿原版影视片段进行模仿或配音等口语训练，使大学生有机会接触不同类型和国家的地道英语，学习不同的语音语调和表达方式，同时提高大学生的西方文化素养。多模态的口语教学内容应有机整合与主题相关的各种视频材料、口语教材、音频、视频、网络资源、教学软件等教学资料，使教学内容同时具有实用性、趣味性和多样性，使教学达到输入和输出的一体化、系统化。

3. 教学方法的多模态化

口语本身是交际型的，教师多是采用口头讲授、一问一答、演练对话和陈述等常规方式来讲授大学英语口语。除此之外，有条件的教师可充分利用 PPT、音频视频、小组口语实践、角色扮演等非常规模态符号。教师在示范中，还可运用眼神、表情、语言声调、手势等非语言形式，配合教室的空间布局等视觉模态之间的协作来有效地表达所要传达的意义。

第三节 PBL 教学的引领

一、PBL 教学解读

PBL（Project-based Learning 以下简称 PBL）教学是"以学生为主体、以问题为起点、以项目工作为重要环节，将知识获得与知识应用相结合的探究型学习模式"，PBL 强调将学习依附于复杂的有意义的项目情境中，通过让学习者以个人或小组合作的形式完成对适当项目的设计与制作，从而学习和巩固隐含于项目背后的理论知识，提高他们解决实际问题的能力、自主学习、合作学习以及终身学习的能力，比较符合日益强化的高等教育的社会需求和受教育者的个性化发展。

二、PBL 教学在大学英语口语教学中应用的意义

第一，激发问题意识，有助于培养学生的批判性思维能力。问题是学习的最佳途径，是激发学生学习兴趣的法宝。解决问题之后的喜悦将激励学生去探索追求更大更多的成就感。采用 PBL 教学模式，是将问题作为学习的刺激物和动力，而不是将以前学过的材料背景知识作为学习新内容的刺激物。其开放性和挑战性，为学生提供了强烈的学习动机和学习兴趣，增强了学生口语表达的愿望，学生英语学习自主性逐步提高。

第二，创设语言情境，有助于培养学生的跨文化交际能力。PBL 教学模式为创设自然真实的学习、交流语境提供了有效途径。由于项目或问题总是具有一定的针对性和指向性，完成项目需要小组讨论与协作，这种社会文化互动性能够培养学生的跨文化交际能力。小组协作交流可以帮助学生克服心理障碍，增进学生在平常生活之外的"高层次"思想交流，培养跨文化意识。

第三，转变教学理念，有助于帮助教师转换角色，提高教学效果。PBL 教学模式中，教师的主要职责不再是知识的传播者，而是促进者、管理者和引导者。通过辅导学生的小组协作，观察小组汇报和展演，教师可以及时了解学生对所学内容的理解和掌握程度，及时改变教学策略，调整教学进度，使学生更加积极主动地参与教学活动。

第四，提高学生的学习兴趣，能够培养学生的创新能力和综合能力。在大

学英语口语教学中运用 PBL 教学模式,能够尊重学生的主体地位,让学生们在进行英语口语教学的过程当中能够发散思维,利用自己的主观能动性,积极进行问题的思考,提高学生的探索欲望,提高学生对于英语口语的认可度,并且通过努力学习提高自身的口语表达能力。

第五,能够创设语言情境,帮助学生提高口语表达能力。通过运用 PBL 教学模式能够为学生创造一种真实的情境和氛围,让学生们在氛围之下提高主观能动性,克服自身的心理障碍,加强在教学过程中的互动,并且锻炼自身的口语能力。

第六,改变传统教学模式,提高教学水平和质量。在 PBL 教学模式下,教学的主体是学生,而教师则是属于辅助地位,让学生们通过演练等方式锻炼自身口语,锻炼自身口语能力,及时地吸收和掌握在课堂中所学习到的一些英语口语表达能力,从而有效地提高英语口语教学的实际效果,提高英语口语教学的教学效率。[1]

三、PBL 教学在大学英语口语教学中应用的策略

(一)划分小组讨论

PBL 教学模式是通过将学生划分为小组,以交流讨论的形式提升学生的协作学习能力。在项目开始之前,教师需要了解每个学生的大致情况,并根据专业、水平、能力的差异,将学生进行科学合理的分组,还要尊重学生自己的分组意愿。一般一组分 3~4 人,尽量学生之间有不同的特点和差异,并选出一个小组长。在教学过程中,要让学生与不同的学生之间产生交流合作的机会,提高学习的兴趣。

(二)确定项目主题

教师在项目难度的选择时,需要注意学生的整体英语水平,要基于他们的英语语言能力,适当增加项目的难度,给学生一定的提升空间。当下大学英语的教学目的是提升学生的口头表达能力、小组协作能力以及思维能力。在实际的教学过程中将大学英语口语教学分为两个层次,其一是设置一个主题如兴趣爱好、校园生活、戏剧表演之类的,让学生之间进行模拟、自由对话,或以复述、讨论的形式展开学习。例如在介绍家乡时,学生担任导游的角色向其他担任游客角色的同学介绍家乡的地理信息、美食文化和人文风貌等,同时还要面

---

[1] 裘健. 基于 PBL 教学模式的大学英语口语教学实践 [J]. 校园英语, 2018 (20).

对"游客"的提问,通过学生之间的这种交流互动,让英语口语学习有现场感,激发学生进行英语口语的兴趣,在交流时还要有自己的思想。在这种交际活动中,学生需要运用工具搜集大量的文化信息资料。第二层次是通过演讲、辩论或采访的形式进行,话题包含了人与自然、社会万象、法律道德等方面。就以"charity"这一项目进行举例说明,学生一开始需要就慈善这一主题收集资料,了解相关的知识,然后分成小组,整理归纳资料,确定小组的目标并划分每一个成员负责的部分,对开展慈善活动的意义和如何开展慈善活动进行讨论,得出小组讨论的结果并做最后的汇报。有时也可以就发生的热点事件进行设计讨论,将实际生活与课堂教学相融合,增加教材学习的新鲜感和时代感。

(三)小组分工合作

项目确定后,PBL学习发生在两个主要阶段。第一阶段:课前学生对项目的准备,比如项目的分工、资料的搜集整理、小组预备讨论等,可以部分放在课堂上实施,也可让学生课后进行。事实上,学生课前、课后的准备也使口语课堂得到了延伸和拓展。如果学生对某一话题没有任何准备,那么课堂讨论可能只是沉默,教师是无法让学生积极参与会话讨论的。口语面授课的具体安排和设计,教师可根据教学实际进行调整。教师布置话题,由学生创造语言情境,充分激发学生说的愿望。第二阶段:课堂项目协作与讨论,要求学生根据项目主题对各自搜集的材料进行讨论整合,形成本组的主要观点和协作方向,找出项目的优势和不足,进一步补充资料,完善项目,准备汇报。在此过程中,教师要组织学生对项目进行小组研讨,让学生与学生、教师与学生充分互动起来。教师提供常用口语句型并将语言点灵活地运用于项目环境,让学生围绕项目主题进行充分讨论。

小组合作的过程是需要教师积极参与并及时提供指导的,如有些观点的分歧小组无法达成一致,或由于知识面狭窄在信息搜集时没有找到足够的素材等,都需要教师能够提供及时的帮助和指导,教师也可以提供相关素材供学生选择。

(四)小组成果展示

在大学英语口语教学中运用PBL教学模式,都是通过口头表述或者是展演的方式展示最后的项目成果。按小组分工,由组长组织陈述,剩下的小组成员负责回答其他同学和教师提出的相关问题。这种方式很好地锻炼了学生的英语口语表达能力。这种模式需要同一小组的成员对于项目的内容和方案有着自己的理解并最后通过研讨达成一致的意见,每一个组员都会加入项目中,提高了所有成员的课堂参与积极性。

(五) 教师评估反馈

评估反馈整体上分为两个部分，第一部分是学生之间的互评，另一个就是教师根据学生各自的表现进行评分，并向学生指出哪些方面做得好，哪些方面有待改进，及时地向学生做出反馈。在评价反馈的同时需要注意的是"做事、成事"是考核评价的终极标准。教师的评估反馈会对学生口语能力、协作学习能力和思维能力的提升产生巨大的帮助。

第四节 产出导向法的辅助

一、产出导向法概述

(一) 产出导向法的内涵

"产出导向法"（Production-oriented Approach，POA）继承了我国教育的优良传统，借鉴了国外外语教学理论和实践的精华，立足于解决我国外语教学中"重学轻用"或"重用轻学"的问题。

"产出导向法"（POA）的原型为"输出驱动假设"，针对的是英语专业技能课程改革，2013年拓展到大学英语教学，2014年初修订为"输出驱动—输入促成假设"，同年10月，在"第七届中国英语教学国际研讨会"上，该方法被正式命名为POA。但需要注意的是，该方法主要针对中高级外语学习者。其次，"产出"与"输出"的含义不同。"产出"除了包括"输出"所指的说和写以外，还包括口译和笔译；"产出"对应的英语是production，既强调产出过程，又强调产出结果。

经过近十年的思考探索和多轮教学实践，目前，POA的理论体系与实施路径已经基本形成。POA理论体系由理念（学习中心说、学用一体说、全人教育说）、假设（输出驱动、输入促成、选择性学习）和以教师为中介的教学流程（驱动、促成、评价）3部分组成。

（二）产出导向法的教学理念

1. 学生中心说

产出导向法所提倡的"学习中心说"是主张课堂教学的一切活动都要服务于有效学习的发生，挑战的是目前国内外流行的"以学生为中心"的理念。

学生中心说主张学生在教学中居于支配地位、起决定作用。这一理论的出现向长期占据主导地位的教师中心说发起挑战。学生中心说的提出要求教师根据学生的具体需求与实际情况安排教学活动，不是一味地按照书本内容"满堂灌"。尤其是针对大学教育，大学生在学习上拥有更强的学习自主性与可选择性，一味地按照教材内容进行刻板的教学已不能满足大学生的生理和心理发展需求。但以学生为中心这一理念很容易造成误解，一方面将教师在课堂上边缘化，易造成课堂教学纪律混乱、师生不能默契配合、课后不能有效地完成教学评估任务。另一方面又不适当地扩大了学生的作用。学生被认为是教学目标、内容和教学进度的决定者、课堂话语的主导者，似乎教师只要为学生提供更多的互动机会，并与学生形成良好的师生关系，学生就能自然而然地构建和掌握新知识。至于每节课的教学目标是否达成、学生在课堂上的学习效率等反而不是教学关注的重点。"以学生为中心"的理念大约在 20 世纪末、21 世纪初被引入我国外语教学界。此理念的引入直接打破了长期统治我国外语教学的"教师中心说"，开始重视学生在课堂教学中的作用。但又不能"以学生为中心"理念来简单表述，这很容易将教师在课堂上的作用边缘化，也会容易不适当地扩大学生的作用。

从本质上来讲，"以学生为中心"的理念其实并未理清学校教育与社会学习的本质区别。学校教育是一种有计划、有组织、有领导且讲究效率的教育形式。无论是教学内容还是评估方式，都不可能完全由个别学生的兴趣或需求来决定。

2. 学用一体说

在产出导向法倡导的"学用一体说"中，"学"指的是输入性学习，包括听和读；"用"指的是"产出"，包括说、写与口笔译。该假设针对的是"教材中心""课文至上"及教学实践中出现的"学用分离"弊端，主张边学边用、学中用、用中学、学用结合。换句话说，产出导向法提倡输入性学习和产出性运用紧密结合，两者之间有机联动，无明显时间间隔。

产出导向法提倡的"学用一体说"主张在课堂教学中，一切语言教学活动都与运用紧密相连，做到"学"与"用"之间无边界、"学"与"用"融为一体。[①] 学生不再单单学习课文,而是以课文为手段来学习用英语完成产出任务。采用"学用一体说",无论英语水平高还是低的学生,都应该能用英语做事,其差别不在于能不能做,而只是做事的复杂程度不同。

3. 全人教育说

产出导向法语言教育对象是人,不是任人摆弄的机器人。而人是有思想、有感情的高级动物。教育要为人的全面发展服务,就需要顾及人的智力、情感与道德等各个方面。具体而言,英语课程不仅要实现提高学生英语综合运用能力的工具性目标,而且要达成高等教育的人文性目标,如提高学生的思辨能力、自主学习能力和综合文化素养等。

"全人教育"理念兴起于20世纪70年代,它整合了以往"以社会为本"与"以人为本"两种教育观点。"全人教育"既重视社会价值,又重视人的价值,其目的就是促进人的全面发展,培养有道德、有知识、有能力、和谐发展的"全人"——完整的人,包括人的身体、智慧、德行、情绪等方面的发展。

"全人教育"课程观认为课程是学生通过感受、观察、思考和参与所体验到的学校生活的所有表现形式。这一定义打破了传统的课堂以及学科边界。一方面学习不再仅仅在课堂上发生,课程必须与课堂以外的所有形态有关联;另一方面,学科内容不再是课程的唯一组成部分。课程应该在界限分明的各学科之间建立起广泛的联系。

结合当前外语教学中的新形势新发展,大学英语口语英语教学模式应体现英语教学实用性、知识性和趣味性相结合的原则,要充分调动教师和学生两个方面的积极性,尤其是要体现学生在教学过程中的主体地位和教师在教学过程中的主导作用。

二、产出导向法在大学英语口语教学中应用的阶段

(一) 驱动

与传统大学口语教学不同,POA将口语产出的"驱动"置于课程的开头。驱动包括三个环节:教师呈现口语交际场景,学生尝试口语产出和教师说明教学目标和口语产出任务。第一个环节教师向学生呈现日常学习和工作中会碰到的英语交际场景,让其真切感受到这些英语日常交际场景对自己的认知的挑战性。第二个环节,教师让学生尝试运用教师呈现的交际场景中的口语话题进行对话或者交流,学生自身会感到很有压力,并体会到完成这一任务有难度。因

[①] 陈丽清. 产出导向视角下的中国文化渗透翻译策略 [J]. 佳木斯职业学院学报, 2018 (8).

此，当面对挑战的时候，学生内心自然会产生一种学习动力和压力。第三个环节对大学英语口语教学而言，教学目标主要为交际目标，即根据单元主题完成英语交际任务。此外，交际是以词汇和句型为基础，因此，学生要掌握与完成交际任务相关的词汇及句型结构。这一环节让学生明白本单元要达成的目标，并使学生有意识思考下一步该如何做。驱动第一环节能让学生认知自身的不足，驱动第二环节让学生不满足于现有知识与交际能力，增强其求知欲望，不断思索接下来该如何完成产出任务。因此，驱动过程是一个不断训练与增强学生思辨能力的过程。

（二）促成

"促成"包含三个主要环节，其一，教师描述口语产出任务，其目的是让学生清楚了解完成口语产出任务的步骤和每一步的具体要求，在大学英语口语教学中，为了降低口语产出任务的难度，教师可以将一项大的产出任务分解为若干项子任务。例如完成某一交际场景的产出任务，教师可以将任务分出两个子任务：语言产出任务和交际产出任务。语言产出任务是交际产出任务的基础。因此，学生首先要实现语言目标，即与话题相关的词汇和句型结构。这一环节将产出任务分步骤，由浅入深进行，能够帮助学生学习；同时，学生自身也明白了产出任务不是一下子完成的，而是有计划、有具体目标、分步骤进行的。其二，学生进行选择性学习，教师给予指导并且检查。学生要完成一项口语产出任务，至少要内容，语言形式和用语言表达内容的话语结构。教师首先要给学生输入适合的材料，再引导学生自己选择对口语产出任务所需的内容、语言形式和话语结构。对于选择结构是否恰当，教师要给予即时检查和反馈，以保证选择学习的成效。此环节与传统课堂教学完全不同，学生选择材料的过程是一个自我不断计划、思考、分析和总结的过程，而教师的检查及反馈又让学生反思自己的选择是否恰当，不仅保证选择学习的成效，而且让学生学会检查及评价自己的选择是否合适。其三，口语产出练习及检查口语产出练习要在教师的指导下分步骤进行，练习结束，教师要进行即时评估。学生就目标产出任务进行练习，需要将自己选择的材料在头脑中进行加工，然后产出；而教师指导有利于帮助学生指出不足之处，一旦完成口语产出任务，教师进行评价，能够帮助学生反思自己的口语产出任务需要有哪些改进，进一步反思自己的学习过程应该做出何种调整。因此，促成过程不仅可以提高学生的元思辨能力，还可以帮助学生提高认知技能。

(三) 评价

口语产出任务的评价可以分为即时和延时评价。即时评价是在"促成"环节中的检查部分完成。延时评价是指学生根据教师要求，经过课外复习和练习之后，将口语产出成果提交给教师评价，这里主要探讨口语产出任务的延时评价。

延时评价的第一环节是师生共同学习评价标准。口语产出任务评价标准可以从三个方面入手：内容、形式和表达。第一，口语产出内容要与交际主题紧密联系，选择话题要合适恰当，内容要充实等。第二，形式主要指运用的语言形式要准确，包括词汇、句型及句法结构的运用要恰当。第三，表达主要指口语产出任务是否自然、清晰、流畅等。有了第一个环节，学生便会有意识对照检查自己将要执行情况，并即时调整学习策略，这有利于提高学生的元思辨能力。第二个环节是提交口语产出成果，教师应该事先告知学生产出任务完成的最后期限和提交形式及途径。提交口语产出任务的形式可以多样化，要根据具体主题来制定。如果是口语交际任务，一般两个学生或者三个学生提交一个口语对话即可。鉴于移动设备的发达，口语产出任务提交途径不需要面对面进行，要求学生提交录音文件即可。这一环节便于学生合理安排时间并清楚任务该如何执行。第三个环节是师生课上评价产出成果，教师应该事先了解学生要展示的口语任务，根据学生完成任务情况准备好评价标准和评价内容；对于不同学生的不同的展示任务，其评价应该体现出针对性和差异性，让展示学生能够清楚感知自己的优势和不足，并促其反思如何改进自己的口语产出任务；同时，也给课堂听者评价自己的口语产出任务提供参考，让其不断思考如何优化自己的产出任务。因此评价环节是一个让学生不断思考学习，追求进步的过程。

综上所述，POA 的驱动、促成和评价环节运用于大学口语教学，改革了传统的口语教学模式。在学生学习过程中，需要不断思索，调整学习计划，促成产出任务更好地完成，因此，学生变得更加主动和积极。教师在教学过程中，教师充分发挥中介作用，不断提高学生的学习热情，增强学生的学习动力，引导学生一步一步完成产出任务。POA 运用于大学英语口语教学不仅可以提高学生的语言产出能力，还增高了学生的思辨能力。

第八章　其他大学英语口语教学策略

三、产出导向法在大学英语口语教学中应用的策略

（一）重新设计教学方案

一直以来，在大学英语教学实践过程中，受"输入理论"的影响和制约，部分教师往往将较多的时间和精力放在了帮助学生积累英语材料，夯实学生英语理论知识等层面，缺乏对学生英语实践能力的重视，缺乏对学生口语表达能力的训练和培养。比如在课堂教学的过程中，教师往往占据着主体性的地位，教师按照既定的教学方案和课程内容进行僵化的课堂设计和教学准备，缺乏对学生英语能力的关注和重视，更多是依托于四六级的考试大纲来进行教学准备。

受此影响，部分学生的英语学习积极性普遍不高，学生们的英语能力也参差不齐。在学习实践中，学生较少会进行针对性的口语训练。为科学且高效地提升大学生的口语素养，同时也为了更好地夯实大学生的口语表达能力，应该科学全面地设计高质量的教学方案，同时引导、鼓励学生积极将所学知识运用到英语表达的实践过程中，更进一步地提升学生的整体英语素养以及实践能力。[1] 作为大学英语口语教学的主要引导者，英语教师应该注重变革以及创新自身的思想以及理念，充分把握课程特色以及资源优势等，行之有效地设计高效且科学化的教学方案，积极依托于科学且精细化的教学任务，更好地夯实学生的学习实效，更进一步地提升学生的学习素养，积极引领学生真正成为大学英语的学习以及应用主体。首先，教师在口语教学的过程中，应该注重卓有成效地拓展口语教学的输入材料。不可否认，英语教材中的口语内容大都比较凝练且系统，但若仅仅依赖于教材，显然难以真正提升大学生的口语表达能力。为此，教师应该注重做好口语教学材料的广泛拓展以及科学延伸，利用互联网平台，行之有效地完善口语教学材料。特别是教师要准确把握英语教材中口语教学的核心与关键，积极进行必要的拓展和延伸，科学且高效地提升学生的认知水平，更好地帮助学生建构完善的英语知识体系，积极促进学生口语能力的提升。其次，教师要注重行之有效地依托于科学的情境，实现高效化教学。口语教学本身就是一门实践性很强的教学内容，教师只有注重引导学生将理论与实践缜密高效地结合起来，积极将所学的英语内容应用到实践过程中，才能够切实提升学生的口语表达能力。为此，在口语课堂教学环节中，教师要卓有成

---

[1] 胡雯，段冠军."产出导向法"在大学英语口语教学中的运用 [J]. 科学咨询（科技·管理），2020（1）.

效地创设科学的英语情境，鼓励以及指导学生通过个人、集体、表演等多种方式来进行口语演练，积极引导学生自由自主地进行语言输出。此外，在大学英语口语教学的实践过程中，为着重提升学生的应用素养，也为了更好地夯实学生的口语表达能力，教师还应该注重引导学生科学自主地选择输入材料，切实提升自身的随机应变能力。不可否认，部分学生在进行口语表达的过程中，往往存在着相对僵化的特征，即在熟悉的情境中，他们可以进行自由的输出。一旦脱离熟悉的情境，则极有可能会陷入难以把握的窘境。为此，教师应该着重发挥好自身的教学引导角色，切实有效地调动学生的主观能动性，引导鼓励学生进行自由化的输入输出，形成良性的循环机制，全方位夯实学生的英语表达能力。[1]

（二）全面拓展输入平台

在大学英语口语教学的实践过程中，输入平台的选择以及运用，始终具有关键性的作用。伴随着互联网技术的持续快速发展，大学英语口语教学的输入平台可选择余地是非常广阔的。为进一步提升学生的口语素养，也为了更好地夯实学生的应用能力，教师要积极引导学生主动的输出，把握好输入输出的关联性，要全面地拓展广泛化的输入平台，更好地提升学生的英语综合能力。

一方面，教师应该对学生的语言输入输出等进行精细化的管控，切实有效地提升学生的整体英语素养，全方位保障学生的英语学习实效。不可否认，班级内学生的英语素养存在着明显的差异以及不足，为此，教师有必要通过科学且精准的手段来进行测评以及研判学生的英语素养，有效把握学生的英语薄弱环节，以便做好科学的输入准备，积极设计有效的输出环节。

另一方面，在大学英语口语教学的过程中，无论是输入环节，还是输出环节，教师都应该做好必要的拓展和延伸。在输入材料的过程中，要保障材料形式的多样化以及丰富化，要不断调动学生的内在积极性，不断激发学生的内在饥渴感，促使学生主动进行必要的输入。在输出环节中，教师同样需要拓展广泛化的输出形式。事实上，口语表达或者口语演练的形式是不拘一格的。若教师在实践过程中，仅仅注重采用课堂口语表达或者情境演练的模式，久而久之也容易影响学生的英语学习兴趣，不利于提升学生的英语认知水平。相反，若教师能够结合口语输入材料的特征，行之有效地选择多元化的输出形式或者输出方法，既能够有效检验学生的英语素养以及学习能力，也利于整体提升学生

---

[1] 陶玥. 产出导向法在大学英语教学中的应用探讨 [J]. 才智，2019（30）.

的英语认知水平，切实有效地提高口语教学的整体效果。①

(三) 采用科学高效的教学方法

在大学英语口语教学的实践过程中，科学高效地利用好产出导向法，教师还应该注重创新采用高效化的教学方法，全方位提升学生的输出质量。

一方面，教师应该做好精心的备课准备工作。在备课过程中，教师不仅仅要对学生的口语学习情境进行摸排，还应该充分了解教学目标，明确口语教学的具体化目标，结合学生的英语素养以及实际认知能力，巧妙设计贴合学生实际工作情境的输出任务。

另一方面，在口语教学的进程中，教师可以着重采用小组合作学习法，依托于科学的输出任务，引导学生进行分组讨论以及合作学习，切实有效地提升学生的整体英语素养，全面提高学生的英语输出质量。可以说，高效化的课堂教学模式，多样化的教学方法运用，始终起着关键性的作用。因此，教师要立足于口语课堂教学的特色，采用多元化的教学组织方法，更好地提升学生的口语表达能力。

此外，在口语教学的实践中，教师还应该注重创设探究性的情境。在探究性的教学情境中，学生的主体性地位能够得到充分全面的体现。在任务驱动下，学生能够结合输出任务来进行输入材料的自主选择，也会在输出任务前进行必要的演练以及练习等，这些都能够在很大程度上夯实学生的输出质量，也利于提升学生的整体英语素养和认知水平，切实全面地提高学生的整体英语学习能力。

---

① 马睿. "产出导向法"在独立学院大学英语四级写作课中的应用 [J]. 英语广场，2018 (6).

参考文献

[1] 赵建群，宋发富. 语音口语文化大学英语语音口语教学的文化语境路径[M]. 昆明：云南大学出版社，2023.

[2] 刘芳. 大学英语写作与口语产出式教学探究[M]. 武汉：华中科技大学出版社，2021.

[3] 黄丽君，张秦. 新时代大学英语口语教程学术交流[M]. 重庆：重庆大学出版社，2021.

[4] 丽娜. 大数据驱动下的大学英语教学革新与探索[M]. 长春：吉林人民出版社，2021.

[5] 黄英. 翻转课堂模式下的大学英语教学理论与应用[M]. 长春：吉林人民出版社，2021.

[6] 付蓓. 中国大学生英语口语自我概念发展个案研究[M]. 北京：外语教学与研究出版社，2021.

[7] 张莉，陈韵. 大学英语口语教学模式研究[M]. 成都：西南交通大学出版社，2019.

[8] 贺建荣. 基于微课的大学英语口语教学[J]. 读天下（综合），2021（1）.

[9] 高静. 移动互联网背景下的大学英语口语教学[J]. 成长，2023（8）.

[10] 徐博，吴诗钊. 产出导向法在大学英语口语教学中的应用研究[J]. 海外英语，2022（8）.

[11] 吴明霞. 智慧课堂背景下大学英语口语教学优化路径[J]. 现代英语，2021（24）.

[12] 段文婷. 大学英语口语教学与翻转课堂[J]. 文教资料，2019（30）.

[13] 张丽博. 情感教学在大学英语口语教学中的应用探析[J]. 现代英语，2021（11）.

[14] 洪娟娟. 翻转课堂模式在大学英语口语教学中的实现[J]. 海外英语，2021（9）.

[15] 周凤燕. 线上大学英语口语教学探析［J］. 科教导刊（电子版），2022（30）.
[16] 陈爱莲. 大学英语口语教学实践探究［J］. 英语教师，2019（14）.
[17] 李延来. 新媒体技术下大学英语口语教学研究［J］. 现代英语，2020（21）.
[18] 贾智勇，田静. 移动互联网背景下的大学英语口语教学探究［J］. 山西青年，2020（12）.
[19] 张媛. 浅谈大学英语口语教学现状及优化策略［J］. 海外英语，2020（9）.
[20] 郭木英. 论大学英语口语教学与跨文化交际能力的培养［J］. 文化创新比较研究，2020（8）.
[21] 武金锁. 新时代大学英语口语教学路径探究［J］. 黑龙江教育（理论与实践），2020（3）.
[22] 胡雯，段冠军. "产出导向法"在大学英语口语教学中的运用［J］. 科学咨询，2020（1）.
[23] 雍元元，雷晴岚. 大学英语口语教学中跨文化能力培养研究［J］. 海外英语，2023（16）.
[24] 刘雨晴. 语境运用到大学英语口语教学中的实践思路研究［J］. 现代英语，2022（11）.
[25] 黄明俊. 大学英语口语教学研究［J］. 山西青年，2019（7）.
[26] 曹朝文. 教育信息化在大学英语口语教学中的运用［J］. 卷宗，2019（31）.
[27] 尹百艳. 翻转课堂模式在大学英语口语教学中的实现［J］. 文教资料，2019（30）.
[28] 杨迪. 基于PBL的大学英语口语教学模式研究［J］. 现代交际，2019（14）.
[29] 黄雪莲. 浅谈交际法在大学英语口语教学中的运用［J］. 新一代（理论版），2019（6）.
[30] 邱景. 大学英语口语教学现状及教学对策分析［J］. 吉林省教育学院学报，2019（5）.
[31] 刘亚琴. 大学英语口语教学中学生跨文化交际能力培养研究［J］. 现代英语，2021（24）.
[32] 王新然，刘艳丽. 大学英语口语教学模式初探［J］. 新纪实，2020（3）.
[33] 黄斯楠，徐晓莹，王晓敬. 产出导向法指导下的大学英语口语教学假设

[J].黑龙江教育（理论与实践），2022（2）.

[34] 战健.浅谈大学英语口语教学的障碍与对策［J］.考试周刊，2017（31）.

[35] 裘莎.OBE 视角下大学英语口语教学改革问题及基本路径探索［J］.滁州职业技术学院学报，2021（1）.

[36] 王红.大学英语口语教学改革与研究［J］.现代交际（学术版），2017（9）.

[37] 苟晓茹.OBE 理念指导下的高职学前英语口语课程教学改革探究［J］.黑河学刊，2020（03）.

[38] 刘俊杰.新媒体与大学英语教学的融合及应用探究［M］.北京：北京工业大学出版社，2019.

[39] 宋艳梅.多模态大学英语口语教学效果研究［J］.山西青年，2018（19）.

[40] 裘健.基于 PBL 教学模式的大学英语口语教学实践［J］.校园英语，2018（20）.

[41] 陈丽清.产出导向视角下的中国文化渗透翻译策略［J］.佳木斯职业学院学报，2018（8）.

[42] 胡雯，段冠军."产出导向法"在大学英语口语教学中的运用［J］.科学咨询（科技·管理），2020（1）.

[43] 陶玥.产出导向法在大学英语教学中的应用探讨［J］.才智，2019（30）.

[44] 马睿."产出导向法"在独立学院大学英语四级写作课中的应用［J］.英语广场，2018（6）.

[45] 雷隽博.二语习得理论在英语口语教学中的应用研究［J］.兰州教育学院学报，2019（2）.

[46] 苑颖.浅析关联理论对大学英语阅读教学的作用［J］.现代英语，2022（16）.

[47] 张颖，王狄秋，高崇阳.自主学习理论在英语口语教学中的应用［J］.福建茶叶，2020（1）.

[48] 薛健"互联网+"背景下应用型本科英语口语自主学习能力培养研究［J］.校园英语，2019（2）.

[49] 丁竞.基于移动平台的中外教合作翻转课堂对英语口语能力提升的行动研究［J］.黑龙江教育学院学报，2019，38（3）.

[50] 钟华，穆正礼，马凤鸣，等.基于翻转课堂的移动学习对大学英语口语

表达促进的有效性研究［J］. 大理大学学报, 2019, 4（5）.

［51］张锐. 翻转课堂在大学英语口语教学中的应用策略研究［J］. 黑龙江科学, 2018（17）.

［52］史岩. 新媒体时代智慧课堂教学模式及实施策略探析［J］. 长春大学学报, 2020, 30（6）.

［53］黄均峰. 基于混合式模式的 VB 教学新视角［J］. 计算机时代, 2019（2）.

［54］马海欧. 混合式教学在英语专业口语教学中的应用［J］. 卷宗, 2020（22）.

［55］管琳. 试论混合式教学在高校英语专业口语教学中的应用路径［J］. 现代英语, 2021（22）.

［56］曾一轩. 信息化背景下混合式教学在大学英语口语教学中的应用［J］. 英语教师, 2018（18）.

［57］郭晓英, 杨晓春, 李昌盛. 新时代中国文化"走出去"战略语境下大学英语教材体系的构建［J］. 教育教学论坛, 2020（26）.

［58］郭欣. 情感教学在高职英语教学中的应用［J］. 新教育时代电子杂志（教师版）, 2023（20）.

［59］李建军. 跨文化交际［M］. 武汉：武汉大学出版社, 2011：1.

［60］陈培, 西安交通工程学院. 跨文化交际中的语用失误分析［J］. 长江丛刊, 2018（23）.

［61］雷霄. 跨文化交际视域英语教学中的文化导入策略探究［J］. 昌吉学院学报, 2020（04）.

［62］张帅. 多元文化背景下英语口语教学探讨［J］. 现代交际, 2018（2）.

［63］张丹珂. 基于跨文化交际的高校英语口语教学的创新模式［J］. 新教育时代电子杂志（教师版）, 2018（29）.

［64］张晓冬. 跨文化背景下大学英语教学研究［M］. 长春：吉林大学出版社, 2018：20.

［65］张颖. 多元视角下大学英语教学探索［M］. 北京：现代出版社, 2021.

［66］缠利叶. 互动式教学助力高校英语口语教学的实践研究［J］. 吉林农业科技学院学报, 2022, 31（2）.

［67］胡春琴, 李泉. 大学英语口语多维互动式教学实证研究［J］. 吉林广播电视大学学报, 2018（11）.

［68］桑麦兰, 梅庭军. 基于微信语音功能的大学英语口语教学策略研究［J］. 齐齐哈尔大学学报（哲学社会科学版）, 2018（3）.

［69］杨双菊.基于微信平台的大学英语口语教学设计研究［J］.校园英语，2021，（35）.

［70］杨晋.微博与大学英语教学的关联运用［J］.花炮科技与市场，2018（4）.

［71］蔡晓春.浅析微课在大学英语口语教学中的运用［J］.校园英语，2018（43）.